HOP, AU FOUR !

75 PLATS COMPLETS

POUR PARVATI, VIJAY ET PADMINI

HOP, AU FOUR !

75 PLATS COMPLETS

RUKMINI IYER

Publié pour la première fois par Square Peg, une filiale de Vintage, sous le titre original *The Roasting Tin* au Royaume-Uni en 2017. Vintage appartient au groupe The Penguin Random House.

Directrice : Aurore Charoy
Éditrice : Claire Forcinal
Traductrice : Nacima Bouzad
Conception graphique : Pene Parker
Photographie : David Loftus
Illustrations : Grace Helmer
Styliste accessoiriste : Pene Parker
Styliste culinaire : Rukmini Iyer

ISBN 978-2-38184-007-9
Dépôt légal septembre 2020

Imprimé par Toppan en Chine, sur du papier provenant de bois gérés de manière responsable.

2, rue Paul-Vaillant-Couturier
92532 Levallois-Perret Cedex

SOMMAIRE

Vous avez entre les mains un livre de cuisine pas comme les autres. Le principe ? Mettre tous les ingrédients dans un plat, enfourner et c'est prêt !

Si l'idée vous plaît, essayez quelques recettes, en vous inspirant des suggestions d'ingrédients et des indications de cuisson qui précèdent chaque chapitre. Grâce à elles, vous pourrez mettre au point autant de recettes que vous le souhaitez. Envie de saumon avec des poivrons rouges grillés, des oignons et du thym, plutôt que de poulet ? Troquez donc la viande contre le poisson, et adaptez le temps et la température de cuisson si besoin. Vos tomates grappes vous fixent d'un air accusateur depuis la corbeille à fruits ? Faites-leur une place dans le plat, et laissez-les se colorer doucement parmi tous les autres ingrédients...

Plat à rôtir, plat à lasagnes (en verre ou en céramique) ou cocotte peu profonde, tout récipient allant au four fera l'affaire ! Et pour les recettes destinées à régaler les grandes tablées, comme les saucisses fumées aux patates douces (voir p. 32), pensez à utiliser le plateau lèchefrite en métal, généralement fourni avec les fours.

Les recettes de chaque chapitre sont classées selon leur temps de cuisson, cela va de moins de 30 minutes à 1 heure environ. Quelques-unes, conçues pour les déjeuners sans chichi du dimanche, s'installeront plus longuement au four pendant 3 heures, après une très courte préparation, comme le gigot d'agneau à la harissa (voir p. 40) ou la cocotte de porc des Philippines (voir p. 39).

La plupart des recettes sont prévues pour 4 personnes, et les éventuels restes feront d'excellents déjeuners le lendemain. Les langues d'oiseaux aux brocolis (voir p. 130), le poulet à l'avocat accompagné de riz (voir p. 116) ou l'épeautre au chorizo (p. 162) deviendront des incontournables si vous cherchez à faire des envieux parmi vos collègues à la pause déjeuner !

La finalité de cet ouvrage est de proposer des plats tout-en-un, à cuire au four, et cela fonctionne particulièrement bien dans le chapitre consacré aux graines, avec l'orge perlé, l'épeautre et le couscous. Mais si la cuisson des féculents (pâtes ou riz) qui accompagnent le plat est plus rapide à part, dans une casserole d'eau bouillante, dans ce cas, je l'ai suggéré. Dans une même recette, les cuissons au four et sur le feu sont prévues pour se terminer en même temps (plus pratique, n'est-ce pas ?).

Ce qu'il y a de vraiment bien avec les plats au four, c'est qu'ils sont déclinables à l'infini et pratiquement inratables. Ils ne vous demanderont que très peu d'efforts : au début, on hache un peu d'herbes ou de légumes, et à la fin, on goûte et on rectifie l'assaisonnement en sel ou en jus de citron. Et, le plus important des avantages, vous pourrez vous consacrer à d'autres activités pendant que le four fait le travail : prendre un bain, aider les enfants à faire leurs devoirs, ou – mon option préférée – vous affaler sur le sofa, avec un verre de vin et un bon film...

Allez, hop ! Au four !

PALLARES
SOLSONA
INOX

À VOS PLACARDS !

Avec un placard et un frigo bien approvisionnés, à vous les déclinaisons variées et originales des produits frais de base (poulet, poisson, légumes) pour tous vos plats au four. Pour cela, ayez toujours sous la main ces quelques ingrédients :

LES INDISPENSABLES DU RAYON SAVEUR

Au rayon condiments : pour assaisonner et relever même le plus simple de vos plats au four, gardez à portée de main dans votre frigo des petits pots de : moutarde forte de Dijon, de tapenade d'olives, de pesto frais ou en conserve, et de harissa.

Au rayon sucré : les légumes-racines, le poulet et les saucisses sont tous mis en valeur par une touche sucrée bien choisie, mélangée à d'autres arômes. Essayez par exemple : le miel, le sirop d'érable ou d'agave, qui se marient très bien avec la moutarde ou certaines épices.

Au rayon salé : inutile de trop réfléchir pour le type de sel à utiliser. Vous aurez besoin dans mes recettes de sel de mer (fin, ou en flocons c'est encore mieux).

DU CROUSTILLANT

La texture, c'est ultra-important pour les plats au four, comme pour les autres plats. Conservez au frigo : des amandes entières, des noisettes, des pistaches et des pignons de pin, ainsi que quelques paquets de chapelure japonaise panko ou classique, pour concocter rapidement des garnitures et panures pour vos poissons et légumes.

DES ÉPICES

Les épices agrémentent instantanément toute préparation et, associées entre elles, offrent une panoplie de saveurs. Ayez toujours en stock un mélange d'épices classiques, comme : du cumin et de la coriandre en poudre, des graines de fenouil, et du paprika fumé, mais aussi du sumac, du ras-el-hanout et du za'atar.

DES HUILES

Indispensables pour réussir toutes vos recettes au four. L'huile d'olive trouve sa place à peu près partout, mais vous pouvez aussi essayer l'huile de sésame grillé pour vos plats asiatiques, ou l'huile de coco si le cœur vous en dit. Beaucoup n'aiment pas, et ce n'est pas bien grave.

DES INGRÉDIENTS FRAIS

Vous aurez toujours besoin : d'oignons rouges et blancs, et d'ail, et conservez un peu de gingembre au frais. Mais aussi de citron (jaune et vert), c'est l'ingrédient incontournable pour donner du caractère à votre plat, avec une touche acidulée, sous forme de zeste ou de jus. Et vous verrez que quelques gouttes de jus de citron relèvent la saveur d'un plat beaucoup mieux qu'une pincée de sel supplémentaire !

PIMENTON
DULCE

VIANDES

CES RÔTIS TOUT-EN-UN, SIMPLES À PRÉPARER, SONT PARFAITS POUR LES DÎNERS EN SEMAINE OU POUR LES GRANDES TABLÉES.

1 VIANDES : QUELS INGRÉDIENTS ?

LES VIANDES

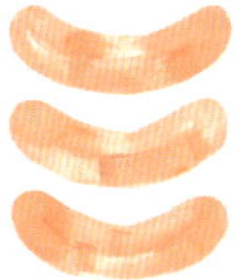

SAUCISSES

AGNEAU

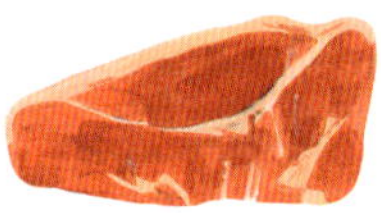

STEAK DE BŒUF

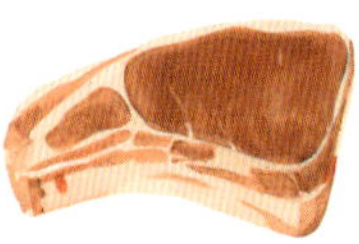

CÔTES DE PORC

POITRINE DE BŒUF

POULET

+

LES LÉGUMES

POIVRON ROUGE

POIVRON JAUNE

TOMATE

AUBERGINE

COURGE BUTTERNUT

PATATE DOUCE

+

LES ASSAISONNEMENTS

CIBOULE

AIL

OIGNON ROUGE

SEL ET HUILES

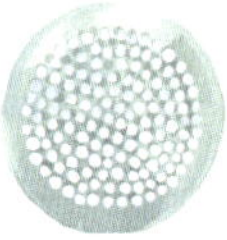

SEL DE MER

HUILE D'OLIVE

HUILE DE SÉSAME

LES SAVEURS

ÉPICÉES

POIVRE NOIR

PAPRIKA FUMÉ

ÉTOILE DE BADIANE

HARISSA

PIMENT ROUGE

GINGEM-BRE

CUMIN

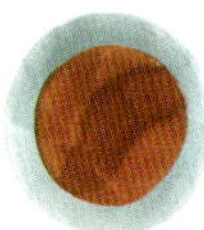
CINQ-ÉPICES

ACIDULÉES

CITRON

CITRON VERT

VINAIGRE DE VIN BLANC

LES PRODUITS LAITIERS

YAOURT

FROMAGE DE CHÈVRE

CHEDDAR

CRÈME AIGRE

LES FÉCULENTS

COUSCOUS

PETITS PAINS PLATS (DE TYPE PAIN PITA)

TORTILLA

LES LÉGUMES VERTS

ÉPINARD

LES FINES HERBES

ROMARIN

PERSIL

ORIGAN

CORIANDRE

ESTRAGON

THYM

MENTHE

LA CUISSON DES VIANDES

VIANDE	TEMPÉRATURE	TEMPS DE CUISSON CONSEILLÉ
STEAK DE BŒUF (0,5 cm d'épaisseur)	**GRIL/MAXIMUM** Mélangez à mi-cuisson	**8 MIN** cuit **6 MIN** saignant
GIGOT D'AGNEAU OU RUMSTECK (180 g)	**GRIL/MAXIMUM** Retournez à mi-cuisson	**12 MIN** cuit **8 MIN** à point
CÔTES DE PORC OU TRANCHES DE LONGE DE PORC (150 g)	**200 °C (CT)/220 °C/TH. 6-7**	**20-25 MIN**
SAUCISSES	**180 °C (CT)/200 °C/TH. 6**	**45 MIN**
GIGOT D'AGNEAU (2,5 kg)	**130 °C (CT)/150 °C/TH. 4-5**	**3 H** à couvert
POITRINE DE BŒUF (au moins 1 kg)	**130 °C (CT)/150 °C/TH. 4-5**	**3 H** à couvert
ÉPAULE DE PORC (au moins 1,5 kg)	**130 °C (CT)/150 °C/TH. 4-5**	**3 H** à couvert

FAJITAS AU BŒUF ÉPICÉ ET AUX LÉGUMES

Pas le temps de cuisiner le soir après le travail ? Ces fajitas ultra-rapides à préparer tombent à pic. Apportez le plat à table et c'est parti, à vos tortillas !

Pour 2 personnes
Préparation : 10 à 15 min
Cuisson : 7 à 8 min

2 x 250 g de rumsteck ou de faux-filet, découpé en lamelles de 0,5 cm d'épaisseur
1 piment rouge, finement émincé
1 poivron rouge, finement émincé
1 poivron jaune, finement émincé
1 oignon rouge, finement émincé
2 c. à c. de paprika
2 c. à c. de cumin en poudre
2 c. à c. de coriandre en poudre
3 c. à s. d'huile d'olive
Une bonne pincée de sel de mer et de poivre noir
Une grosse poignée de coriandre fraîche, grossièrement hachée
2 ou 3 tortillas par personne
15 cl de crème aigre
Le jus de 1 citron vert
Fromage râpé (facultatif)

1. Préchauffez le gril sur le thermostat maximal.

2. Dans un grand plat allant au four, mélangez la viande, le piment, les poivrons, l'oignon, les épices, l'huile d'olive, le sel et le poivre. Placez sous le gril bien chaud pendant 4 min.

3. Retirez le plat, remuez bien le tout, puis enfournez à nouveau sous le gril pour 3 ou 4 min supplémentaires, jusqu'à ce que la viande soit cuite à cœur.

4. Laissez la viande et les légumes reposer pendant 3 min, puis parsemez de coriandre hachée. Garnissez généreusement les tortillas, préalablement réchauffées dans du papier d'aluminium, dans le bas du four. Servez avec la crème, le jus de citron vert et le fromage râpé, selon votre goût.

Conseil : Dans cette recette, la viande est cuite à cœur. Pour un bœuf saignant, faites cuire au gril 6 min au total, en remuant à mi-cuisson.

Astuce : Vous pouvez remplacer la crème aigre (*sour cream* en anglais) par une crème fleurette agrémentée de jus de citron (30 ml pour 200 ml de crème).

AGNEAU GRILLÉ ET PAINS PITA GARNIS

Cette recette est un hommage à Ruby Tandoh et à sa succulente recette de petits pains plats proposée dans son ouvrage *Flavour*. Si votre faim peut attendre un peu, retroussez vos manches et au travail ! Ici, l'association de l'agneau avec les raisins secs est absolument divine, et si vous manquez de temps pour concocter vos pains pita maison, dégustez simplement cette délicieuse grillade express sur de bons pains pita !

Pour 2 personnes
Préparation : 15 min
Cuisson : 8 à 12 min

2 tranches de gigot d'agneau ou de rumsteck (180 g env. pour chaque tranche)
2 c. à s. d'huile d'olive
1 gousse d'ail, hachée
1 c. à c. de cumin en poudre
1 c. à c. de sel de mer
Poivre noir
1 oignon, finement émincé
50 g de raisins secs
30 g de pignons de pin
2 petits pains plats (de type pain pita)
4 c. à s. de yaourt à la grecque
2 poignées d'épinard frais
70 g de fromage de chèvre, émietté

Important : Vous aurez besoin d'un gril en fonte ou d'un plat à rôtir à fond épais.

1. Préchauffez le gril sur le thermostat maximal, et enfournez votre plat pour le réchauffer.

2. Déposez les tranches de gigot dans une grande assiette et frottez-les avec l'huile d'olive, l'ail, le cumin, le sel et le poivre fraîchement moulu. Réservez-les sur un côté de l'assiette, puis mélangez l'oignon et les raisins secs avec un peu d'huile et d'ail restant sur l'autre côté de l'assiette.

3. Après 5 min au four, votre gril doit être extrêmement chaud. Retirez-le avec précaution du haut du four, placez-y les tranches de gigot d'un côté et les oignons de l'autre, et enfournez 6 min de chaque côté pour une viande bien cuite, ou 4 min de chaque côté pour une cuisson à point.

4. À mi-cuisson, retournez votre viande et mélangez un tout petit peu les oignons et les raisins secs.

5. Ajoutez les pignons de pin à peine 1 min avant que la viande soit prête, pour les faire griller, et réchauffez vos petits pains dans le bas du four.

6. Une fois la viande cuite à votre goût, laissez-la reposer 5 min dans une assiette. Puis coupez-la en petits morceaux. Salez et poivrez à votre convenance.

7. Étalez le yaourt sur vos pains, puis garnissez d'épinards, d'oignons, de raisins secs, de pignons, de fromage de chèvre et de viande. Servez sans attendre.

CÔTES DE PORC AU CINQ-ÉPICES, ET PATATES DOUCES AU GINGEMBRE ET À L'AIL

Si vous avez l'occasion d'aller en Chine, faites-vous plaisir et offrez-vous une patate douce rôtie et encore toute fumante parmi les échoppes qui en proposent. Ici, elle se marie merveilleusement avec l'ail et le gingembre, et complète à la perfection ces côtes de porc au cinq-épices.

Pour 2 personnes
Préparation : 10 min
Cuisson : 40 à 45 min

2 côtes (ou tranches de longe) de porc fermier
600 g de patates douces, coupées en cubes de 1 cm
2 gousses d'ail, hachées
1 morceau de gingembre frais de 5 cm, haché
1 étoile de badiane
2 c. à s. d'huile de sésame
+ 1 c. à c. pour la viande
2 c. à c. de cinq-épices
3 ciboules, finement émincées
Sauce soja
Sel de mer

Astuce : Envie d'un légume vert en accompagnement ? Coupez quelques morceaux de choy sum ou de pak-choï (choux chinois), mélangez-les avec un peu d'huile de sésame, et ajoutez-les au plat pour les 5 à 7 dernières min de cuisson.

1. Préchauffez votre four à 200 °C (th. 6-7). Dans un plat allant au four, mélangez les morceaux de patate douce avec l'ail, le gingembre, l'étoile de badiane, 2 c. à s. d'huile de sésame et 1 c. à c. de sel, puis enfournez pour 20 min.

2. Pendant ce temps, frottez les morceaux de porc sur toutes leurs faces avec le cinq-épices, l'huile de sésame et le sel. Une fois la patate douce cuite, déposez la viande par-dessus et prolongez la cuisson de 20 à 25 min à 180 °C (th. 6), selon votre goût.

3. À la sortie du four, parsemez de ciboules finement émincées, et assaisonnez de sauce soja à votre convenance.

SAUCISSES FUMÉES, PATATES DOUCES ET OIGNONS ROUGES

Facile à préparer, ce plat vous comblera les papilles et les pupilles. Le paprika apporte ici une délicieuse touche fumée, mais vous pouvez aussi bien le remplacer par un mélange de miel et de moutarde.

Pour 4 personnes
Préparation : 10 min
Cuisson : 50 min

8 à 12 saucisses de porc fermier, de bonne qualité
3 patates douces, pelées et coupées en gros quartiers
2 oignons rouges, coupés en 8
6 gousses d'ail
4 c. à c. de paprika fumé
Une bonne dose d'huile d'olive
Sel de mer et poivre noir

1. Préchauffez votre four à 180 °C (th. 6).

2. Dans un grand plat allant au four, mélangez les saucisses, les quartiers de patate douce, les oignons rouges, l'ail et le paprika fumé avec l'huile d'olive. Salez et poivrez généreusement.

3. Enfournez pour 45 à 50 min, jusqu'à ce que les patates douces soient bien cuites et les saucisses un peu collantes et légèrement brunies. Servez immédiatement.

Prestige

RUMSTECK ET POMMES DE TERRE À L'AIL ET À L'OIGNON

Dans cette recette, la viande est cuite en deux étapes : elle fait d'abord un passage express dans une poêle très chaude, pour terminer au four, sur un lit de pommes de terre. Résultat : un régal pour les yeux et le palais. La marinade post-cuisson, au citron et au romarin, fera également son petit effet.

Pour 2 personnes
Préparation : 15 min
Cuisson : 1 h 10

2 tranches de rumsteck (225 g chacune), de 2 cm d'épaisseur au moins
600 g de pommes de terre, coupées en cubes de 1 cm
1 oignon rouge, grossièrement émincé
2 gousses d'ail, écrasées
4 c. à s. d'huile d'olive
2 ou 3 brins de romarin frais
Sel de mer et poivre noir

POUR LA SAUCE ROMARIN
3 c. à s. d'huile d'olive extra-vierge
Les feuilles de 3 brins de romarin frais, finement hachées
Le zeste et le jus de ½ citron
1 c. à c. de sel

1. Préchauffez votre four à 180 °C (th. 6). Mélangez les pommes de terre, l'oignon, l'ail, 2 c. à s. d'huile d'olive, 1 c. à c. de sel et les brins entiers de romarin dans un grand plat allant au four, puis enfournez pour 1 h.

2. Après 20 min de cuisson des pommes de terre, sortez les rumstecks de votre frigo et déposez-les dans une assiette. Frottez les tranches sur toute leur surface avec les 2 c. à s. d'huile d'olive restantes et un bon tour de moulin à poivre sur chaque face. Réservez à température ambiante.

3. Préparez la sauce : mélangez les feuilles de romarin hachées avec le zeste et le jus de citron, l'huile d'olive extra-vierge et salez. Réservez.

4. Après 40 min de cuisson pour les pommes de terre, augmentez la température à 200 °C (th. 7), pour obtenir un joli croustillant.

5. Après que les pommes de terre aient cuit 1 h et soient joliment dorées, réservez-les au chaud, dans le four. Faites chauffer sur le feu un gril (ou une poêle à fond épais) vide, jusqu'à ce qu'il soit fumant. Salez légèrement vos steaks, et déposez-les sur le gril très chaud 45 s de chaque côté, pour obtenir une jolie couleur.

6. Posez les steaks sur les pommes de terre dans le four, et faites cuire 2 min pour une viande saignante, 4 min pour une viande à point, et 6 à 8 min pour une viande bien cuite.

7. Enfin, retirez le plat du four et déposez les steaks sur une assiette. Versez votre sauce par-dessus, couvrez légèrement de papier d'aluminium, et laissez reposer 5 à 6 min, avant de servir avec les pommes de terre.

BŒUF BRAISÉ À LA SAUCE CHIMICHURRI

Le traditionnel rôti du dimanche, avec LA touche originale : une sauce à base de persil, acidulée et tout droit venue d'Argentine, qui accompagne superbement ce plat de viande et de légumes.

Pour 4 personnes
Préparation : 10 min
Cuisson : 3 h

1 kg de poitrine de bœuf roulée
1 c. à c. de piment rouge (en flocons ou en poudre)
Le zeste de 1 citron
2 gousses d'ail, écrasées
6 brins d'origan frais, finement haché
2 c. à c. de sel de mer
3 c. à s. d'huile d'olive
600 g de courge butternut, détaillée en morceaux de 4 cm
1 oignon rouge, coupé en quartiers
40 cl de bouillon de poulet
10 cl de vinaigre de vin blanc

POUR LA SAUCE CHIMICHURRI
30 g de persil plat frais, finement haché
1 piment rouge, finement haché
1 gousse d'ail, finement hachée
5 c. à s. d'huile d'olive
3 c. à s de vinaigre de vin blanc
Sel de mer

1. Préchauffez votre four à 130 °C (th. 4-5). Mélangez le piment rouge, le zeste de citron, l'ail, l'origan, le sel et l'huile d'olive, et frottez la viande avec ce mélange sur toute sa surface, sans oublier le centre du roulé.

2. Déposez la courge butternut en morceaux, l'oignon rouge, le vinaigre de vin blanc dans un plat allant au four, puis arrosez de bouillon de poulet. Disposez la viande de bœuf par-dessus. Recouvrez bien le plat d'aluminium, et enfournez pour 3 h.

3. Pendant ce temps, préparez la sauce chimichurri : mélangez le persil, le piment et l'ail avec l'huile d'olive et le vinaigre de vin blanc. Salez à votre convenance.

4. Servez la viande et la courge avec la sauce chimichurri à côté.

COCOTTE DE PORC COMME AUX PHILIPPINES

Ce porc braisé sort des sentiers battus, avec ses saveurs d'ail, de laurier, de poivre en grains et de vinaigre, directement inspirées de la sauce adobo de la cuisine philippine. Et c'est une excellente option pour déjeuner sans chichi le dimanche : seulement 10 minutes pour saisir la viande et l'ail, ensuite on glisse le tout dans le four et on laisse mijoter tranquillement jusqu'à l'heure du déjeuner...

Pour 5 ou 6 personnes
Préparation : 10 min
Cuisson : 2 h 50

1,5 kg d'épaule de porc
2 c. à s. d'huile végétale
1 tête d'ail, coupée en 2 horizontalement
3 feuilles de laurier
1 c. à c. de poivre noir en grains
60 cl de bouillon de poulet
3 cl de sauce soja
5 cl de vinaigre de riz ou de vinaigre de vin blanc
350 g de riz basmati, rincé
6 mini pak-choï (chou chinois), coupés en 2 (ou en 4 s'ils sont gros)
Sel de mer

1. Préchauffez votre four à 130 °C (th. 4-5).

2. Faites chauffer l'huile dans une grande cocotte allant au four et saisissez la viande de porc 3 min sur chaque face, jusqu'à ce qu'elle soit bien dorée partout.

3. Poussez la viande sur un côté de la cocotte, puis ajoutez de l'autre côté les deux moitiés de tête d'ail (face coupée vers le bas) et faites revenir 1 min avec les feuilles de laurier et les grains de poivre.

4. Versez ensuite le bouillon de poulet, la sauce soja et le vinaigre, puis portez à ébullition. Couvrez immédiatement la cocotte, et enfournez pour 1 h 45.

5. Ajoutez le riz et faites cuire encore 45 min. Terminez par les mini pak-choï et prolongez la cuisson de 10 min encore.

6. Après la cuisson, retirez la couenne, puis, à l'aide de 2 cuillères, détachez de gros morceaux de viande. Servez avec les pak-choï et le riz, et assaisonnez de sauce soja ou de sel, à votre convenance.

GIGOT DE 3 HEURES À LA HARISSA, AUBERGINES ET TOMATES

L'agneau sait s'imposer parmi les saveurs marquées. Cette recette en est la preuve : goûtez ce gigot d'agneau à l'orientale, avec sa touche piquante à la harissa, et vous m'en direz des nouvelles. Parfait pour les grandes tablées !

Pour 8 personnes
Préparation : 15 min
Cuisson : 3 h

1 gigot d'agneau de 2 à 2,5 kg
2 aubergines, coupées en tranches épaisses de 1 cm
1 oignon rouge, grossièrement émincé
1 tête d'ail, coupée horizontalement
4 bonnes c. à c. de harissa
1 c. à s. de sel de mer
1 c. à s. d'huile d'olive
350 g de tomates cerises grappes
2 poignées de couscous (facultatif)

POUR LA SAUCE
250 g de yaourt à la grecque
1 bouquet de menthe fraîche, finement hachée

1. Préchauffez votre four à 130 °C (th. 4-5). Tapissez le fond d'un plat allant au four avec les tranches d'aubergine, puis parsemez d'oignon émincé. Déposez le gigot sur les légumes et insérez les moitiés d'ail à côté.

2. À l'aide d'un couteau très pointu, incisez la viande sur toute sa surface, et frottez-la avec la harissa. Assaisonnez le tout de sel, et versez un filet d'huile d'olive sur l'ail et les légumes. Enfournez pour 30 min, à découvert, puis recouvrez d'aluminium et enfournez à nouveau pour 1 h 30.

3. Ajoutez ensuite les tomates cerises, couvrez et enfournez pour 1 dernière heure de cuisson. Jetez les graines de couscous (si vous en utilisez) dans le jus de viande sur les 10 dernières minutes de cuisson.

4. Pendant ce temps, préparez la sauce : mélangez le yaourt à la grecque et la menthe, et réservez.

5. Laissez la viande reposer au moins 15 min, avant de la servir avec le couscous, les légumes et la sauce au yaourt.

POULETS RÔTIS

C'EST LE PLAT AU FOUR PAR EXCELLENCE : AVEC SES MILLE ET UNE PRÉPARATIONS, LE POULET RÔTI RÉVÈLE TOUTE SA SAVEUR AVEC DES LÉGUMES-RACINES À L'ARÔME TERREUX, DES HERBES AROMATIQUES ET DES ÉPICES.

2 POULETS RÔTIS : QUELS INGRÉDIENTS ?

LES MORCEAUX

PILON

HAUT DE CUISSE

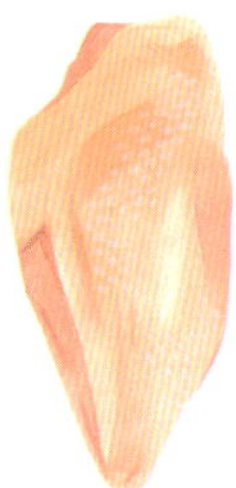
BLANC

AILE

LES LÉGUMES

BETTERAVE ROUGE

PANAIS

CAROTTE

CÉLERI-RAVE

FENOUIL

COURGE BUTTERNUT

POMME DE TERRE

PATATE DOUCE

LES LÉGUMES BULBES

CIBOULE

POIREAU

AIL

OIGNON ROUGE

OIGNON JAUNE

LES SAVEURS

ÉPICÉES

- CORIANDRE (GRAINES)
- FENOUIL (GRAINES)
- PAPRIKA FUMÉ
- CUMIN
- PIMENT ROUGE
- SUMAC
- HARISSA
- RAS-EL-HANOUT

ACIDULÉES

- MOUTARDE
- CITRON
- CITRON VERT
- GINGEMBRE

SUCRÉES

- MIEL
- SIROP D'ÉRABLE
- SIROP D'AGAVE

LES ASSAISONNEMENTS

- SEL DE MER
- HUILE D'OLIVE
- HUILE DE COCO
- HUILE DE SÉSAME
- HUILE DE TOURNESOL

LES FINES HERBES

- SAUGE
- BASILIC
- CORIANDRE
- ROMARIN
- CITRONNELLE
- PERSIL
- ORIGAN
- FEUILLES DE COMBAVA
- THYM
- ANETH
- MENTHE

LA CUISSON DU POULET RÔTI

MORCEAUX	TEMPÉRATURE	TEMPS DE CUISSON CONSEILLÉ
AILES (en une seule couche dans le plat)	**150 °C (CT)/170 °C/TH. 5**	**40 MIN** puis à 180 °C (CT)/ 200 °C/ th. 6 pour **20 MIN**
BLANCS (150 g env.)	**180 °C (CT)/200 °C/TH. 6**	**25 MIN**
CUISSES ET PILONS	**180 °C (CT)/200 °C/TH. 6**	**45 MIN**
POULET ENTIER (2,3 kg)	**160 °C (CT)/180 °C/TH. 5/6**	**1 H 30** puis à 180 °C (CT)/200 °C/th. 6 pour **30 MIN**

Conseil : Ajustez le temps de cuisson du poulet selon son poids. Par exemple, comptez seulement 20 min pour de petits blancs de poulet (120 g env.) et jusqu'à 30 min pour de plus gros morceaux (180-200 g).

Votre poulet sera encore meilleur si vous le laissez reposer à température ambiante au moins 10 min recouvert de papier aluminium, avant de le servir.

Dans ce tableau, les températures sont indiquées pour un four à chaleur tournante (CT) et pour un four traditionnel. Toutefois, les températures précisées dans les recettes correspondent uniquement à un four à chaleur tournante.

BLANCS DE POULET AU FENOUIL ET AUX ÉCHALOTES, AVEC SA SAUCE MOUTARDE AU MIEL

Pour un dîner rapide en semaine ou pour recevoir à la bonne franquette, ce plat est parfait ! Et au passage, vous utiliserez enfin ce fenouil qui s'ennuie au fond du frigo. Si vos blancs de poulet fermier ont encore leur peau, celle-ci sera délicieusement croustillante après la cuisson... la cerise sur le gâteau ! Et pour lier le tout, une petite sauce express, avec de la moutarde et de la mayonnaise toujours, à disposition dans votre frigo.

Pour 4 personnes
Préparation : 10 min
Cuisson : 30 min

4 blancs de poulet fermier, avec la peau si possible
300 g de fenouil, finement émincé
12 échalotes, coupées en quartiers
1 citron, coupé en demi-lunes
6 gousses d'ail, écrasées
Quelques brins de thym frais
Huile d'olive
Sel de mer et poivre noir

SAUCE MOUTARDE AU MIEL
4 bonnes c. à s. de mayonnaise
2 bonnes c. à s. de moutarde
2 c. à c. de miel

1. Préchauffez votre four à 180 °C (th. 6).

2. Mettez le fenouil, les échalotes, le citron, l'ail et le thym dans un grand plat allant au four, et déposez les blancs de poulet par-dessus. Salez et poivrez généreusement, puis arrosez le tout d'un bon filet d'huile d'olive.

3. Mélangez bien, afin que les légumes et le poulet soient bien enrobés d'huile, puis enfournez pour 30 min.

4. Préparez la sauce en mélangeant la mayonnaise, la moutarde et le miel, puis réservez. Retirez le poulet du four, et laissez-le reposer 5 min. Servez chaud accompagné de la sauce.

BLANCS DE POULET AUX POIVRONS

Très simple et ultra-rapide à cuisiner, ce traditionnel plat au four vous facilitera la vie pour vos dîners en semaine. Servez-le avec une bonne baguette ou un autre bon pain de votre choix pour saucer… Mon amie Laura, un fin cordon-bleu et issue d'une famille de grands cuisiniers, suggère d'ajouter quelques rondelles de chorizo. Un mariage qui fonctionne à merveille !

Pour 4 personnes
Préparation : 10 min
Cuisson : 35 min

4 gros blancs de poulet fermier, avec la peau si possible
2 poivrons rouges, taillés en lanières
2 poivrons jaunes, taillés en lanières
2 oignons rouges, coupés en 8
6 gousses d'ail, écrasées
6 brins de thym ou de romarin frais
Huile d'olive
Sel de mer et poivre noir

Astuce : Si vous préférez des cuisses et des pilons à la place des blancs, faites-les cuire 1 h 30.

Pour une note espagnole un peu fumée, ajoutez 3 c. à c. de paprika fumé avant d'enfourner. Sinon, pour une touche finale citronnée, ajoutez 3 c. à c. de sumac.

1. Préchauffez votre four à 180 °C (th. 6).

2. Déposez le poulet, les poivrons, les oignons, l'ail et les herbes dans un très grand plat allant au four, ou 2 un peu moins grands. Saupoudrez uniformément d'une bonne pincée de sel et de poivre. Arrosez généreusement d'huile d'olive et mélangez bien le tout avec vos mains.

3. Enfournez le ou les plats pour 35 min, jusqu'à ce que le poulet soit doré et cuit à cœur, et que les poivrons aient pris une jolie couleur caramélisée. Laissez reposer 5 min, puis servez chaud.

POULET RÔTI ET COURGE, AU CITRON ET ROMARIN

Avez-vous déjà glissé quelques quartiers de citron dans un poulet au four ? C'est ce que fait ma meilleure amie Emma, pour caraméliser ce plat. Elle a appris cette technique dans un de ses vieux magazines de cuisine. Servez ce poulet débordant de saveurs avec une roquette ou une salade d'épinards bien assaisonnée.

Pour 2 personnes
Préparation : 10 min
Cuisson : 1 h

500 g de cuisses et de pilons de poulet fermier
300 g de courge de votre choix, coupée en gros tronçons
1 oignon rouge, coupé en 8
1 citron, coupé en 8
6 gousses d'ail, écrasées
4 ou 5 brins de romarin frais
Huile d'olive
2 ou 3 c. à s. de miel
Sel de mer et poivre noir

Astuce : Si vous en avez le temps, votre poulet sera encore meilleur en cuisson lente, à 150 °C (th. 5) pendant 1 h. Prolongez ensuite le temps de cuisson de 30 min, en augmentant la température du four à 180 °C (th. 6), pour obtenir une peau croustillante.

1. Préchauffez votre four à 180 °C (th. 6). Déposez les cuisses et les pilons de poulet, la courge, l'oignon rouge, le citron, l'ail et le romarin dans un grand plat allant au four. Arrosez d'huile d'olive, versez un filet de miel, puis salez et poivrez généreusement.

2. Mélangez tous les ingrédients à la main afin qu'ils soient enrobés uniformément d'huile et de miel, puis enfournez pour 1 h, jusqu'à ce que la peau du poulet soit croustillante et bien dorée. Servez sans attendre.

AILES ÉPICÉES AUX PATATES DOUCES, AVEC SA SAUCE AU YAOURT CITRONNÉE

Pour un repas en plein air ou une soirée foot, rien de mieux que ces ailes de poulet dorées à souhait et délicieusement épicées. À déguster avec une boisson fraîche.

Pour 4 personnes
Préparation : 10 min
Cuisson : 1 h

800 g d'ailes de poulet fermier
800 g de patates douces, pelées et coupées en quartiers de 2,5 cm d'épaisseur
2 c. à c. de piment chipotle (ou de piment rouge)
1 c. à c. de paprika fumé
1 c. à s. de cassonade
3 c. à s. d'huile d'olive
Le zeste et le jus de ½ citron vert
Sel de mer

POUR LA SAUCE AU YAOURT CITRONNÉE
4 ou 5 c. à s. de yaourt à la grecque
Une poignée de feuilles de coriandre fraîche, hachées
Le zeste et le jus de ½ citron vert

POUR SERVIR
Feuilles de coriandre fraîche
Quartiers de citron vert

À savoir : Le piment chipotle est un piment jalapeño séché et fumé.

1. Préchauffez votre four à 150 °C (th. 5). Déposez les ailes de poulet et les quartiers de patate douce dans un grand plat allant au four. Dans un autre récipient, mélangez le piment, le paprika fumé, la cassonade, l'huile d'olive, 2 c. à c. de sel de mer et le citron vert (le zeste et le jus).

2. Versez la préparation épicée sur le poulet et les patates douces, et mélangez bien à la main pour enrober le tout uniformément. Enfournez pour 40 min.

3. Augmentez la température du four à 180 °C (th. 6) et faites rôtir 20 min de plus, pour obtenir une peau bien dorée.

4. Pendant ce temps, préparez la sauce : mélangez le yaourt avec la coriandre hachée, le zeste et le jus de citron vert, et une pincée de sel. Réservez.

5. Parsemez les ailes de poulet et les patates douces de feuilles de coriandre, et servez avec les quartiers de citron vert et la sauce au yaourt.

COQ AU VIN À MA FAÇON

J'ai cuisiné ce plat pour la première fois en faisant un tour de ce qu'il me restait dans le frigo. J'ai alors découvert ce mélange original entre la pancetta, les cuisses de poulet et quelques champignons. Ajoutez quelques feuilles de laurier fraîchement cueillies et ma flemme de cuisiner de ce jour, et c'est ainsi que cette variante du coq au vin est née ! Tout en croustillant et avec un goût de revenez-y, elle a conquis mes convives.

Pour 4 personnes
Préparation : 10 min
Cuisson : 1 h 30

1,4 kg de cuisses et de pilons de poulet fermier (2 morceaux par personne… ou plus, pour les gros appétits)
160 g de pancetta, coupée en dés
250 g de gros champignons bruns
5 gousses d'ail, écrasées (avec la peau)
200 g d'échalotes, pelées et coupées en 2
3 feuilles de laurier, frais de préférence
2 ou 3 brins de romarin frais
30 g de beurre mou
20 cl de vin rouge
Sel de mer et poivre noir

1. Préchauffez votre four à 160 °C (th. 5-6). Déposez le poulet, la pancetta, les champignons, l'ail, les échalotes, les feuilles de laurier et le romarin dans un grand plat allant au four et enduisez tous les ingrédients de beurre. Salez et poivrez, puis enfournez pour 40 min.

2. Augmentez la température du four à 180 °C (th. 6) et prolongez la cuisson de 40 min, jusqu'à ce que le poulet soit cuit et d'une jolie couleur bien dorée. Versez le vin tout autour du poulet, et enfournez à nouveau, pour 10 min. Laissez reposer quelques minutes avant de servir.

POULET AU CHORIZO, AUX POIS CHICHES ET AUX TOMATES

Ce plat en sauce bien consistant offre toute la saveur intense d'un rôti braisé, avec en bonus cette délicieuse peau dorée et croustillante sous la dent. Comme accompagnement, juste besoin d'un très bon pain pour saucer votre assiette. Mes amis Anna et Daniel, qui ont joué les goûteurs pour moi, recommandent d'accompagner ce plat d'un bon verre de manzanilla !

Pour 4 personnes
Préparation : 10 min
Cuisson : 1 h 30

1,4 kg de cuisses et de pilons de poulet fermier (2 morceaux par personne... ou plus, pour les gros appétits)
1 oignon, finement émincé
2 gousses d'ail, hachées
2 brins de romarin frais
100 g de chorizo, grossièrement haché
400 g de pois chiches en conserve, égouttés
400 g de tomates en conserve
30 cl d'eau
1 c. à s. d'huile d'olive
Sel de mer et poivre noir

1. Préchauffez votre four à 160 °C (th. 5-6). Mettez l'oignon, l'ail, le romarin, le chorizo, les pois chiches et les tomates dans un plat allant au four. Utilisez l'eau pour récupérer le jus de tomate restant dans la conserve et versez sur tous les ingrédients. Salez et poivrez bien.

2. Disposez le poulet sur la préparation à la tomate, et enduisez-le d'huile d'olive. Salez et enfournez pour 40 min.

3. Augmentez la température du four à 180 °C (th. 6) et prolongez la cuisson de 50 min, jusqu'à ce que le poulet soit bien doré et cuit à cœur. Goûtez la sauce, salez et poivrez à votre convenance, puis servez chaud.

POULET À L'ESTRAGON ET SES POMMES DE TERRE À L'AIL

Ici, le poulet cuit au-dessus des pommes de terre, un peu comme dans une rôtissoire. Avec de l'estragon à ses côtés, ce plat sent bon la cuisine française. Et rien n'interdit de le déguster avec un peu de sauce moutarde au miel (voir p. 48).

Pour 6 personnes
Préparation : 15 min
Cuisson : 2 h

1 poulet fermier de 2,3 kg
1,3 kg de pommes de terre charlotte (ou de petites pommes de terre pour la cuisson au four), coupées en 2
20 g d'estragon frais
1 tête d'ail entière, coupée en 2 à l'horizontale
1 citron, coupé en 2
2 c. à s. d'huile d'olive
30 g de beurre
Sel de mer et poivre noir

1. Préchauffez votre four à 160 °C (th. 5-6). Dans un plat allant au four, déposez les pommes de terre, la moitié de l'estragon, une moitié de tête d'ail, 6 lamelles de zeste de citron et l'huile d'olive, puis mélangez bien tous les ingrédients à la main. Salez et poivrez en grande quantité.

2. Posez le poulet par-dessus, et farcissez-les avec les deux moitiés de citron et l'autre moitié de tête d'ail. Frottez-le sur toute sa surface avec le beurre, puis salez et poivrez très généreusement.

3. Enfournez pour 2 h, en augmentant la température du four à 180 °C (th. 6) pendant la dernière demi-heure, pour que la peau du poulet et les pommes de terre soient croustillantes.

4. Laissez le poulet reposer 10 à 15 min, recouvert d'une feuille d'aluminium, avant de servir.

POISSONS ET CRUSTACÉS

RAPIDES À PRÉPARER, FRAIS ET NOURRISSANTS, LES POISSONS AU FOUR S'ACCOMMODENT AVEC UNE MULTITUDE DE SAVEURS, DE LÉGUMES ET DE GARNITURES.

3 POISSONS ET CRUSTACÉS : QUELS INGRÉDIENTS ?

LES POISSONS

THON

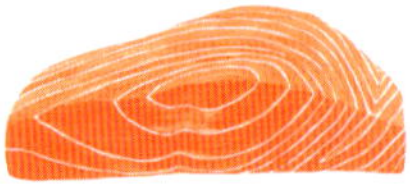
FILET DE SAUMON

MAQUEREAU

CREVETTES ROSES

SARDINES

TRUITE

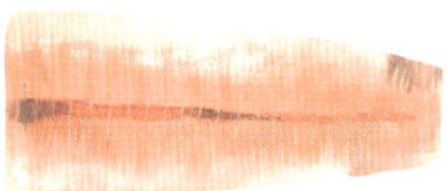
CABILLAUD/LIEU JAUNE

LIMANDE-SOLE

LES SAVEURS

CITRON

CITRON VERT

GINGEMBRE

AIL

PESTO

PIMENT ROUGE

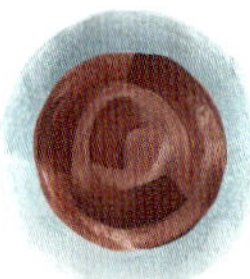
TAPENADE

HARISSA

POUR LE CROQUANT

CHAPELURE PANKO[1] (OU CLASSIQUE)

AMANDES

PIGNONS DE PIN

[1] Au rayon exotique ou dans les épiceries asiatiques.

LES LÉGUMES

FENOUIL

TOMATE

ÉCHALOTE

POIREAU

OIGNON ROUGE

POIVRON ROUGE

COURGETTE

ASPERGES

CHAMPIGNONS

LES ASSAISONNEMENTS

THYM

ANETH

BASILIC

MENTHE

CORIANDRE

PERSIL

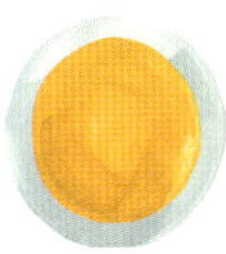
HUILE D'OLIVE

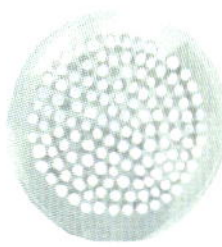
SEL DE MER

LA CUISSON DES POISSONS ET DES CRUSTACÉS

POISSON/ CRUSTACÉ	TEMPÉRATURE	TEMPS DE CUISSON CONSEILLÉ
CREVETTES ROSES	GRIL/MAXIMUM	5 MIN
CABILLAUD/ LIEU JAUNE (filet, 125 g env.)	180 °C (CT)/200 °C/TH. 6	15 MIN
SAUMON (filet, 125 g env.)	180 °C (CT)/200 °C/TH. 6	20-25 MIN
TRUITE (entière et évidée, 400 g env.)	180 °C (CT)/200 °C/TH. 6	20 MIN
TRUITE (filet, 110 g env.)	180 °C (CT)/200 °C/TH. 6	10 MIN
MAQUEREAU (filet, 90 g env.)	180 °C (CT)/200 °C/TH. 6	10-15 MIN
SARDINES (entières et évidées)	180 °C (CT)/200 °C/TH. 6	10 MIN
BAR (filet, 90 g env.)	180 °C (CT)/200 °C/TH. 6	8 MIN
LIMANDE-SOLE (filet, 110 g env.)	180 °C (CT)/200 °C/TH. 6	10 MIN
THON (filet, 120 g env.)	200 °C (CT)/220 °C/TH. 6-7	5 MIN (rosé) 8 MIN (bien cuit)

Conseil : Plus votre filet est fin, plus sa cuisson sera rapide, quel que soit son poids. Un filet de cabillaud prélevé au niveau de la queue du poisson – qui est plus plate – cuira plus vite qu'un filet prélevé au milieu du poisson, pour un poids égal. Pensez-y lors de la cuisson de votre poisson !

Notez aussi que la chaleur peut varier d'un four à l'autre, et vous devrez peut-être parfois prolonger la cuisson de quelques minutes.

Dans ce tableau, les températures sont indiquées pour un four à chaleur tournante (CT) et pour un four traditionnel. Toutefois, les températures précisées dans les recettes correspondent uniquement à un four à chaleur tournante.

GAMBAS GRILLÉES ET CHAMPIGNONS EXOTIQUES, AUX PARFUMS DE CITRON VERT, GINGEMBRE ET CORIANDRE

Envie d'un plat au four rapide et facile à préparer ? Optez sans hésiter pour les gambas ! Après un rapide passage sous un gril bien chaud, elles seront parfaites en guise d'entrée, ou servies avec un riz blanc pour un repas plus consistant.

Pour 2 personnes
Préparation : 7 min
Cuisson : 5 min

180 g de gambas
200 g d'un mélange de shiitakés et de pleurotes
Le zeste et le jus de 1 citron vert
1 morceau de gingembre frais de 2,5 cm, râpé
2 gousses d'ail, râpées
1 c. à s. d'huile d'olive
½ piment rouge, finement émincé
3 ciboules, finement émincées
Une poignée de coriandre fraîche, grossièrement hachée
Sel de mer ou sauce nuoc-mâm

1. Préchauffez le gril sur le thermostat maximal.

2. Mélangez tous les ingrédients (sauf la coriandre) dans un grand plat allant au four, et disposez-les en une seule couche égale. Assaisonnez de sel ou de sauce nuoc-mâm selon votre goût.

3. Déposez le plat sur la grille la plus haute du four et laissez cuire 5 min, jusqu'à ce que les gambas aient pris une couleur rose uniforme et soient cuites à cœur. Goûtez et rectifiez l'assaisonnement si nécessaire. Parsemez de coriandre fraîche, et servez immédiatement.

CABILLAUD EN CROÛTE, OIGNONS ROUGES GRILLÉS ET TOMATES CERISES

Avec ce cabillaud croustillant et bien accompagné, vous allez vous régaler ! Vous pouvez bien sûr remplacer le cabillaud par du lieu jaune ou le poisson blanc de votre choix, mais toujours issu de la pêche durable !

Pour 2 personnes
Préparation : 10 min
Cuisson : 15 min

2 filets ou pavés de cabillaud (300 g env.)
300 g de tomates cerises grappes
1 oignon rouge, finement émincé
4 c. à c. de tapenade d'olives
15 g de pignons de pin
15 g de chapelure japonaise panko
Huile d'olive
Sel de mer et poivre noir

Astuce : Optez pour de la chapelure classique si vous ne trouvez pas facilement de chapelure panko.

1. Préchauffez votre four à 180 °C (th. 6). Disposez les filets de poisson, les tomates cerises entières et l'oignon dans un grand plat allant au four. Étalez la tapenade en couche uniforme sur les filets de cabillaud.

2. Écrasez les pignons à l'aide d'un mortier et d'un pilon, puis mélangez-les avec la chapelure, une pincée de sel et 1 c. à s. d'huile d'olive. Déposez la préparation sur la couche de tapenade, en tapotant légèrement.

3. Versez un filet d'huile d'olive sur le tout, puis salez et poivrez. Enfournez pour 15 min dans le haut du four, jusqu'à ce que la garniture du dessus soit croustillante et le poisson cuit à cœur. Servez sans attendre.

TRUITE FARCIE AUX HERBES, SUR SON LIT D'OIGNONS ET DE PATATES DOUCES

Cuisiner une truite entière est un jeu d'enfants ! Ici, une farce toute simple aux herbes et au citron sublime la saveur du poisson. Veillez à bien saler l'intérieur et l'extérieur des truites avant de les passer au four.

Pour 2 personnes
Préparation : 15 min
Cuisson : 40 min

2 petites truites (400 g env. chacune), évidées
700 g de patates douces, pelées et coupées en très fines rondelles
1 oignon rouge, finement émincé
2 c. à s. d'huile d'olive
Les feuilles d'½ petit bouquet d'estragon frais
Les feuilles d'½ petit bouquet d'origan frais
4 gousses d'ail, grossièrement hachées
½ citron, en rondelles fines
Sel de mer et poivre noir

1. Préchauffez votre four à 180 °C (th. 6). Dans un plat allant au four, mélangez les rondelles de patates douces avec l'oignon rouge, l'huile d'olive, 1 c. à c. de sel, un bon tour de moulin de poivre noir, et la moitié des herbes. Enfournez pour 20 min.

2. Pendant ce temps, salez et poivrez l'intérieur des truites, et farcissez-les avec le reste des herbes, l'ail et les rondelles de citron.

3. Lorsque les patates douces sont cuites, déposez les truites farcies par-dessus, et saupoudrez de 2 c. à c. de gros sel. Enfournez à nouveau pour 20 min, jusqu'à ce que les truites soient cuites à cœur (leur chair doit se détacher facilement à la fourchette). Servez immédiatement.

SAUMON ET BROCOLIS FAÇON VAPEUR, À LA SAUCE PIQUANTE

Attention, sauce punchy à l'horizon ! Fraîche et relevée, elle est addictive… je pourrais en mettre dans tous mes plats ! Elle tranche avec la saveur riche du saumon, et les cacahuètes lui apportent un léger croquant. Concoctez-la tranquillement pendant que le saumon et les brocolis cuisent. Des enfants à table ? Laissez tomber le piment, ajoutez-le à la fin, dans votre assiette.

Pour 4 personnes
Préparation : 10 min
Cuisson : 20 à 25 min

4 filets de saumon (800 g env. au total)
400 g de fleurettes de brocolis
2 gousses d'ail, râpées
2 c. à s. d'huile de sésame (ou d'huile végétale)
2 ciboules, finement émincées
1 morceau de gingembre frais de 2,5 cm, râpé
1 piment rouge, finement émincé
2 c. à s. de sauce nuoc-mâm
4 c. à s. d'huile végétale
Le zeste et le jus de 2 citrons verts
30 g de coriandre fraîche, finement hachée
50 g de cacahuètes, grossièrement hachées

1. Préchauffez votre four à 180 °C (th. 6). Déposez les fleurettes de brocolis dans un grand plat allant au four, parsemez d'ail râpé, arrosez d'un filet d'huile de sésame et mélangez bien.

2. Disposez les filets de saumon dans le plat, avec les brocolis. Recouvrez avec d'aluminium, puis enfournez pour 20 à 25 min, jusqu'à ce que le saumon soit bien cuit, selon votre goût.

3. Pendant ce temps, mélangez les ciboules, le gingembre, le piment, la sauce nuoc-mâm, l'huile végétale, le jus et le zeste de citron vert, la coriandre et les cacahuètes. Goûtez et rectifiez l'assaisonnement en sauce nuoc-mâm et en jus de citron, à votre convenance.

4. Sortez le saumon et les brocolis cuits du four, et nappez le poisson de votre sauce maison. Versez-en un peu sur les brocolis, et servez immédiatement.

MAQUEREAUX À LA RHUBARBE

Ce plat léger et frais, aux notes scandinaves, fera une délicieuse entrée si vous recevez du monde à dîner. La rhubarbe cuit juste comme il faut, sans se défaire, et met parfaitement en valeur le maquereau.

Pour 6 personnes
Préparation : 15 min
Cuisson : 15 min

6 filets de maquereau, sans les arêtes (demandez à votre poissonnier de les retirer)
650 g de rhubarbe, détaillée en tronçons de 5 cm
5 échalotes (170 g), finement émincées
1 ½ c. à s. de vinaigre de vin blanc
1 c. à s. d'huile d'olive
1 c. à s. de sucre
30 g de noisettes
6 c. à s. de crème fraîche (pour servir)

POUR LA SALADE
½ concombre, taillé en rubans
1 c. à c. de sel de mer
1 c. à s. de vinaigre de vin blanc
10 g d'aneth frais, grossièrement haché

1. Préchauffez votre four à 180 °C (th. 6). Mettez la rhubarbe, les échalotes, le vinaigre, l'huile d'olive et le sucre dans un plat allant au four, et mélangez bien le tout.

2. Disposez les filets de maquereau sur la rhubarbe, recouvrez le plat d'aluminium, puis enfournez pour 10 min.

3. Retirez l'aluminium et parsemez de noisettes. Enfournez à nouveau, à découvert, pour 5 min supplémentaires.

4. Pendant ce temps, préparez la salade : mélangez les rubans de concombre, le sel, de vinaigre de vin blanc avec la moitié de l'aneth.

5. Servez le maquereau et la rhubarbe accompagnés de la salade de concombre et de la crème fraîche, et saupoudrez du reste d'aneth.

SARDINES FARCIES ET LÉGUMES AU PAPRIKA

Ces tomates et poivrons parfumés au paprika et surmontés d'une garniture croustillante aux amandes sont un vrai régal à eux tous seuls. Avec les sardines en plus, on obtient un plat complet et délicieux. Le poissonnier pourra évider vos poissons, et vous gagnerez du temps chez vous.

Pour 4 personnes
Préparation : 10 min
Cuisson : 25 min

8 sardines, évidées et rincées
2 poivrons rouges, finement émincés
220 g de tomates cerises grappes
1 piment rouge (une moitié finement émincée, l'autre moitié finement hachée)
2 c. à c. de paprika
3 c. à s. d'huile d'olive
Le zeste de 1 citron
50 g d'amandes effilées, grossièrement concassées
1 c. à c de sel de mer
Une poignée de basilic frais
Quelques quartiers de citron (pour servir)

1. Préchauffez votre four à 180 °C (th. 6). Déposez les poivrons rouges, les tomates cerises entières, le piment rouge émincé, le paprika et 2 c. à s. d'huile d'olive dans un plat allant au four, et mélangez bien. Enfournez pour 15 min.

2. Pendant ce temps, mélangez le zeste de citron, le piment rouge haché, les amandes effilées, le sel et 1 c. à s. d'huile d'olive. Farcissez-en les sardines autant que possible.

3. Lorsque les légumes sont cuits, déposez les sardines par-dessus et parsemez du reste de la préparation aux amandes sur les légumes. Enfournez à nouveau, pour 10 min.

4. Servez très chaud, parsemé de basilic coupé à la main et accompagné de quartiers de citron.

FESTINS DE LÉGUMES

ACCOMPAGNEMENT EXPRESS OU PLAT COPIEUX ET GOURMAND, C'EST CARTE BLANCHE AVEC LES LÉGUMES. CONCOCTEZ PLUSIEURS RECETTES POUR UNE SOIRÉE VEGGIE ENTRE AMIS, OU PRÉPAREZ UN SEUL PLAT POUR UN DÎNER EN SEMAINE. À VOUS DE CHOISIR !

4 FESTINS DE LÉGUMES : QUELS INGRÉDIENTS ?

LES ASSAISONNEMENTS ET LES SAVEURS
SEL
HUILE D'OLIVE
CORIANDRE (GRAINES)
GINGEMBRE
CUMIN
PAPRIKA FUMÉ
PIMENT ROUGE
SUMAC
CITRON
CITRON VERT
RAS-EL-HANOUT
POUR LE CROQUANT
AMANDES
NOISETTES
NOIX DE CAJOU
PIGNONS DE PIN
LES PRODUITS LAITIERS
YAOURT
MOZZARELLA
HALLOUMI
FROMAGE DE CHÈVRE
FETA
LES SALADES ET LES FINES HERBES
ROQUETTE
ÉPINARDS
CRESSON
FINES HERBES
BASILIC
CORIANDRE
PERSIL
SAUGE
MENTHE

LA CUISSON DES LÉGUMES

LÉGUME	TEMPÉRATURE	TEMPS DE CUISSON CONSEILLÉ
CHOU-FLEUR (petites fleurettes)	180 °C (CT)/200 °C/TH. 6	40-45 MIN
CÉLERI-RAVE (morceaux de 2 cm)	180 °C (CT)/200 °C/TH. 6	45 MIN
COURGE BUTTERNUT (morceaux de 1,5 cm)	180 °C (CT)/200 °C/TH. 6	1 H
BROCOLI (petites fleurettes)	180 °C (CT)/200 °C/TH. 6 (à découvert) (à couvert)	 40-45 MIN 20-25 MIN
BROCCOLINI	180 °C (CT)/200 °C/TH. 6	30 MIN
PATATE DOUCE (morceaux de 2 cm)	180 °C (CT)/200 °C/TH. 6	40-45 MIN
CHOUX DE BRUXELLES (coupés en 2)	180 °C (CT)/200 °C/TH. 6	25-30 MIN
MAÏS	180 °C (CT)/200 °C/TH. 6	30 MIN
ASPERGES	180 °C (CT)/200 °C/TH. 6	10-13 MIN
TOMATES (coupées en gros quartiers ou tomates cerises entières)	180 °C (CT)/200 °C/TH. 6	15 MIN
COURGETTE (rondelles de 1,5 cm)	180 °C (CT)/200 °C/TH. 6	40 MIN
AUBERGINE (coupée en 8)	180 °C (CT)/200 °C/TH. 6	30-40 MIN
POIVRONS ROUGES (grossièrement émincés)	180 °C (CT)/200 °C/TH. 6	30-40 MIN
GOMBO	180 °C (CT)/200 °C/TH. 6	30-40 MIN
CHAMPIGNONS	180 °C (CT)/200 °C/TH. 6	20-25 MIN

Dans ce tableau, les températures sont indiquées pour un four à chaleur tournante (CT) et pour un four traditionnel. Toutefois, les températures précisées dans les recettes correspondent uniquement à un four à chaleur tournante.

MAÏS RÔTI AU PAPRIKA, CIBOULE, FETA ET CITRON VERT

Essayer cette recette, c'est l'adopter. Finie la cuisson du maïs à l'eau ! Le paprika, la feta et le citron vert se marient superbement avec le maïs rôti. Et une mention spéciale pour la ciboule, qui apporte ici fraîcheur et croquant. Ce plat trouvera tout à fait sa place dans un buffet veggie entre amis, ou pour accompagner du poisson.

Pour 5 personnes
Préparation : 5 min
Cuisson : 30 min

5 épis de maïs
Huile d'olive
2 c. à c. de paprika
Une bonne pincée de sel
Le jus de 1 citron vert
5 ciboules, finement émincées
75 g de feta, émiettée

1. Préchauffez votre four à 180 °C (th. 6).

2. Déposez les épis de maïs dans un grand plat allant au four et arrosez généreusement d'huile d'olive. Saupoudrez de paprika et de sel, et frottez ce mélange sur toute la surface des maïs afin de bien les imprégner. Enfournez pour 30 min, dans le haut du four.

3. Une fois le maïs cuit, pressez quelques gouttes de citron vert par-dessus, parsemez de ciboule et de feta, puis servez chaud avec les quartiers de citron vert.

TARTELETTES DE BETTERAVE AU GORGONZOLA, AUX CÂPRES ET AUX NOIX

Ces tartelettes pour petits et grands se suffisent presque à elles-mêmes. Avec une simple salade de roquette légèrement assaisonnée, elles sont parfaites pour un déjeuner de week-end à la fois nourrissant, original et facile à préparer. Augmentez un petit peu la température du four, et vous obtiendrez une pâte croustillante, et sans dorure à l'œuf. Meilleures chaudes, elles seront idéales pour un pique-nique.

Pour 6 personnes
Préparation : 15 min
Cuisson : 30 min

200 g de betterave crue, pelée et émincée en fines rondelles
1 c. à s. d'huile d'olive
1 c. à c. de vinaigre de vin rouge
1 c. à c. de sel
1 rouleau de pâte feuilletée de 320 g
75 g de gorgonzola piquant, émietté
2 c. à s. de câpres
10 g d'aneth frais, haché
50 g de noix, grossièrement hachées
Sel

1. Préchauffez votre four à 200 °C (th. 6-7). Mélangez les rondelles de betterave avec l'huile d'olive, le vinaigre de vin rouge et le sel. Réservez.

2. Découpez la pâte feuilletée en 6 carrés, que vous placerez dans un plat allant au four, chemisé de papier cuisson. Sur chaque carré de pâte, déposez les rondelles de betterave de façon à ce qu'elles se chevauchent un peu, en laissant une bordure de 1 cm. Parsemez de gorgonzola, de câpres et de la moitié de l'aneth.

3. Enfournez pour 25 min, saupoudrez de noix hachée, puis enfournez de nouveau pour 5 min.

4. Parsemez du reste d'aneth et d'une petite pincée de sel.

TARTE FINE À LA TOMATE ET À L'ESTRAGON, SUR SON LIT DE MOUTARDE

Cette recette me vient de la mère de mon amie Sophie, lorsque j'avais treize ans. À l'époque, je l'avais regardée préparer cette tarte, à la fois captivée et sceptique (sur le mélange moutarde-tomates), mais ce fut un régal dès la première bouchée, avec en prime un parfum d'été et de vacances...

Pour 4 personnes
Préparation : 10 min
Cuisson : 30 min

1 rouleau de pâte feuilletée de 320 g (pur beurre si possible)
2 ½ c. à s. de moutarde de Dijon
330 g de tomates cerises grappes, coupées en fines rondelles
5 g d'estragon frais, finement ciselé
1 c. à s. d'huile d'olive extra-vierge
1 c. à c. de sel
Poivre noir

1. Préchauffez votre four à 200 °C (th. 6-7). Déroulez la pâte feuilletée dans un plat allant au four, chemisé de papier cuisson. Étalez la moutarde sur toute la surface, en laissant une bordure de 2 cm.

2. Disposez les rondelles de tomates sur la moutarde, puis parsemez d'estragon, salez et poivrez. Arrosez d'un filet d'huile d'olive, et enfournez pour 25 à 30 min, jusqu'à ce que les bords soient dorés et croustillants. Servez sans attendre.

AUBERGINES À LA MOZZARELLA ET AU PIMENT, AVEC LEUR MARINADE CITRON-PERSIL

Dans cette recette, les aubergines s'offrent une petite marinade post-cuisson, riche en citron et en piment. Ajoutez-leur une belle couche de mozzarella marinée, pour encore plus de saveur et de texture. Ce plat viendra joliment compléter votre buffet veggie entre amis ! Pour un repas équilibré, servez-le avec du boulgour (voir p. 149).

Pour 4 personnes
Préparation : 10 à 15 min
Cuisson : 40 min

2 grosses aubergines
Un filet d'huile d'olive
6 c. à s. d'huile d'olive extra-vierge
Le zeste et le jus de 2 citrons
1 bouquet de persil plat frais (de taille moyenne), finement haché
1 piment rouge, épépiné et finement haché
250 g de mozzarella di bufala, déchirée en morceaux
Sel

Conseil : Sortez la mozzarella du frigo 30 min avant de l'utiliser, et égouttez-la dans une passoire.

1. Préchauffez votre four à 180 °C (th. 6). Coupez les extrémités des aubergines et tranchez ensuite celles-ci en 2, dans le sens de la longueur. Découpez chaque moitié en longs morceaux. Disposez-les en une seule couche dans un grand plat allant au four, salez généreusement et arrosez d'un filet d'huile d'olive. Mélangez bien avec vos mains pour enrober uniformément les tranches d'aubergine d'huile, puis enfournez pour 40 min.

2. Pendant ce temps, mélangez au fouet l'huile d'olive extra-vierge, le zeste et le jus de citron, le persil et le piment. Salez à votre convenance, et versez quelques cuillerée de cette vinaigrette sur les morceaux de mozzarella pendant que les aubergines cuisent.

3. Dès que les aubergines sont prêtes, versez le reste de sauce par-dessus, et mélangez délicatement pour bien les enrober. Laissez mariner 5 min, puis faites tomber les petits morceaux de mozzarella marinée par-dessus. Servez tiède.

CHOU-FLEUR, PATATE DOUCE ET GOMBO ÉPICÉS, AVEC SA SAUCE AU YAOURT ET AUX AMANDES

Ce plat tout-en-un, qui met à l'honneur les légumes et les épices, vous offre toute la saveur d'un curry longuement mijoté, et sans trop d'effort. Envie de féculents en accompagnement ? Servez vos légumes avec un bol de riz complet ou de boulgour.

Pour 4 personnes
Préparation : 10 min
Cuisson : 40 min

1 très gros chou-fleur (ou 2 petits choux-fleurs), détaillé en petites fleurettes
2 patates douces moyennes, pelées et coupées en morceaux de 2 cm
6 gousses d'ail, hachées
1 morceau de gingembre de 5 cm, haché
4 c. à c. de paprika
4 c. à c. de cumin en poudre
10 cl d'huile d'olive
350 g de gombos entiers
Sel

POUR LA SAUCE
200 g de yaourt
Le jus de 1 citron

POUR SERVIR
80 g d'amandes effilées et grillées
½ oignon rouge, finement émincé
Menthe ou coriandre

1. Préchauffez votre four à 180 °C (th. 6).

2. Disposez les fleurettes et les morceaux de patate douce dans un grand plat à rôtir. Dans un petit saladier, mélangez l'ail, le gingembre, le paprika, le cumin et l'huile d'olive, puis versez la moitié de cette préparation sur le chou-fleur et les patates douces, et ajoutez une bonne pincée de sel. Mélangez bien pour enrober le tout, puis recouvrez le plat de papier aluminium et enfournez pour 20 min.

3. Mélangez le reste de l'huile épicée avec les gombos, et réservez.

4. Après 20 min de cuisson, retirez la feuille d'aluminium, répartissez les gombos dans le plat, salez généreusement, puis enfournez à nouveau, à découvert, pour 20 min de plus.

5. Pour la sauce, mélangez le yaourt et le jus de citron, et réservez. Servez les légumes tout chauds sortis du four avec un filet de sauce au yaourt, et parsemés d'amandes effilées et grillées, d'oignon rouge et d'herbes.

COURGE BUTTERNUT ET CHAMPIGNONS AU FOUR, AVEC FETA ET TOMATES

De la sauge, de la courge et des champignons... quelle délicieuse association de saveurs aux couleurs de l'automne ! La feta s'invite en cours de cuisson pour ajouter encore plus d'arôme et de texture au plat. La salade qui l'accompagne est inspirée d'une recette de mon amie Emma.

Pour 4 personnes
Préparation : 10 min
Cuisson : 1 h 05

- 700 g de courge butternut, détaillée en cubes de 1,5 cm
- 1 oignon rouge, grossièrement haché
- 4 gousses d'ail, écrasées
- 300 g de champignons bruns ou Portobellini, coupés en 2
- 4 c. à s. d'huile d'olive
- 15 feuilles de sauge
- 200 g de feta, émiettée
- 350 g de tomates cerises grappes
- 2 c. à s. d'huile d'olive extra-vierge
- Le jus d'½ citron
- 1 c. à s. de moutarde
- 100 g de feuilles de roquette ou de cresson
- Sel

1. Préchauffez votre four à 200 °C (th. 6-7). Répartissez les cubes de courge, l'oignon rouge, l'ail, et les champignons dans un grand plat allant au four. Mélangez bien le tout avec l'huile d'olive, le sel et la moitié des feuilles de sauge, puis enfournez pour 50 min.

2. Remuez légèrement les légumes, puis parsemez de feta émiettée. Disposez les tomates cerises et le reste de la sauge par-dessus et enfournez à nouveau, pour 15 min de plus, jusqu'à ce que la courge soit tendre et que les tomates commencent à se défaire.

3. Pendant ce temps, mélangez l'huile d'olive, le jus de citron, la moutarde, et salez à votre convenance. Assaisonnez votre roquette une fois les légumes sortis du four, et servez-la en accompagnement.

COURGETTES, AUBERGINES, TOMATES, FETA ET PIGNONS EN ROBE D'ÉTÉ

Ce plat estival, suggéré par Rowan, le charmant éditeur de cet ouvrage, est parfait en toutes circonstances, dégusté en antipasti pour un pique-nique, ou tout chaud sorti du four. Ici, la feta légèrement grillée est une vraie révélation gustative ! Elle lie merveilleusement toutes les saveurs. Cette recette est encore plus délicieuse avec des linguine au beurre.

Pour 4 personnes
Préparation : 10 min
Cuisson : 45 min

1 aubergine, finement émincée
2 courgettes, finement émincées
150 g de mini-poivrons (ou poivrons classiques), coupés en 2
2 feuilles de laurier
2 brins d'origan frais (feuilles uniquement)
2 brins de romarin frais (feuilles uniquement)
3 c. à s. d'huile d'olive
2 c. à c. de sel
Poivre noir fraîchement moulu
5 tomates cerises grappes, coupées en quartiers
150 g de feta
30 g de pignons de pin
Le jus d'½ citron

1. Préchauffez votre four à 200 °C (th. 6-7). Mettez les tranches d'aubergine et de courgette, les poivrons, le laurier, l'origan, le romarin, et l'huile d'olive dans un plat allant au four. Assaisonnez avec du sel et d'un bon tour de moulin à poivre. Mélangez bien avec vos mains.

2. Enfournez pour 30 min, puis incorporez au plat les petits quartiers de tomates cerises. Parsemez de feta et de pignons, et enfournez à nouveau pour 15 min.

3. Salez et poivrez à votre convenance, ajoutez le jus de citron selon votre goût, et servez.

LÉGUMES AU FOUR ET PARMESAN, FAÇON TORTILLA

L'authentique tortilla espagnole nécessite une longue cuisson des oignons et des pommes de terre. Elle se prête donc parfaitement à une recette au four. Ici, j'aime bien l'association des patates douces et des pommes de terre, complétée par des asperges de saison.

Pour 4 personnes
Préparation : 10 min
Cuisson : 1 h

400 g de pommes de terre, coupées en tranches très fines
200 g de patates douces, coupées en tranches très fines
1 oignon, très finement émincé
2 c. à s. d'huile d'olive
15 g d'estragon frais, finement haché
5 œufs
50 g de crème fraîche
230 g d'asperges, parées
30 g de parmesan
Sel et poivre

1. Préchauffez votre four à 170 °C (th. 5-6). Mettez les pommes de terre, les patates douces et l'oignon dans un petit plat profond, et mélangez-les bien avec l'huile d'olive, 1 c. à c. de sel, une bonne pincée de poivre et l'estragon. Recouvrez bien le plat avec de l'aluminium et enfournez pour 30 min.

2. Pendant ce temps, mélangez au fouet les œufs et la crème fraîche. Salez et poivrez généreusement. Après que les pommes de terre, les patates douces et l'oignon aient cuit 30 min, versez la préparation aux œufs par-dessus. Répartissez ensuite les asperges dessus, en appuyant un peu pour les insérer dans le mélange de pommes de terre, patates douces et œufs.

3. Saupoudrez de parmesan, et enfournez à nouveau, à découvert, pour 25 à 30 min, jusqu'à ce que les œufs aient pris. Servez chaud ou froid.

CHAMPIGNONS ÉPICÉS, PIGNONS, HALLOUMI ET PERSIL

En entrée froide ou en plat végétarien gourmand, ces champignons combleront vos papilles. Pour une option non végétarienne, servez-les avec l'agneau braisé à la harissa (à la p. 40) ou de petits pains plat (de type pain pita) tièdes. Un délice.

Pour 4 personnes
Préparation : 10 min
Cuisson : 1 h 20

600 g de champignons bruns ou Portobellini, entiers
70 g de beurre
4 c. à c. de ras-el-hanout
Le zeste et le jus de 1 citron
4 gousses d'ail, écrasées
300 g d'échalotes entières, pelées et coupées en 2
250 g de halloumi, coupé en dés de 1 cm
30 g de pignons de pin
Une grosse poignée de persil plat, grossièrement haché
2 c. à c. de poivre rose (facultatif, mais très bon)
Sel de mer et poivre noir

1. Préchauffez le four à 130 °C (th. 4). Mettez le beurre, le ras-el-hanout, le zeste de citron et l'ail écrasé dans un plat allant au four, puis enfournez pour 5 min afin de faire fondre le beurre et légèrement griller les épices.

2. Pendant ce temps, parez les champignons et pelez les échalotes. Après 5 min, versez les champignons dans le plat, avec le beurre fondu aux épices, salez et poivrez généreusement, et mélangez le tout avec vos mains, en insistant bien. Recouvrez le plat d'aluminium, et enfournez pour 1 h.

3. Augmentez la température du four à 150 °C (th. 5), et retirez la feuille d'aluminium. Pressez le citron au-dessus du plat, ajoutez les dés de halloumi, et remuez bien avant de parsemer la préparation de pignons de pin. Enfournez à nouveau, pour 15 min, à découvert.

4. Goûtez et rectifiez si besoin l'assaisonnement en sel. Parsemez de persil et de poivre rose juste avant de servir.

RIZ ET PÂTES

ENVIE DE FÉCULENTS EN ACCOMPAGNEMENT ? AVEC DE L'EAU BOUILLANTE, DU RIZ OU DES PÂTES, ET UN BON TIMING, TOUT SERA CHAUD ET PRÊT EN MÊME TEMPS POUR SE RÉGALER EN UN RIEN DE TEMPS.

5 RIZ ET PÂTES : QUELS INGRÉDIENTS ?

LE RIZ

RIZ COMPLET

RIZ BASMATI

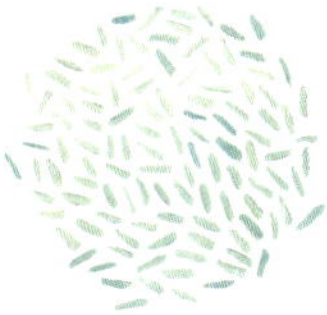
RIZ JASMIN

RIZ SAUVAGE

RIZ À RISOTTO (CARNAROLI/ARBORIO)

RIZ ROUGE (DE CAMARGUE/ DE L'HIMALAYA)

LES PÂTES

CONCHIGLIETE

LANGUES D'OISEAUX

GNOCCHI

FUSILLI

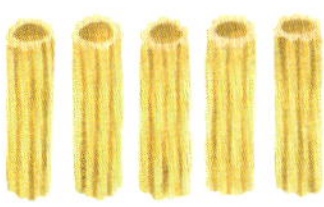
RIGATONI

LES PROTÉINES

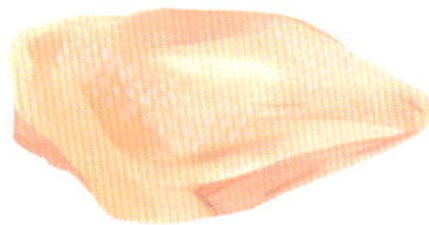
POULET

THON

BAR

SAUMON

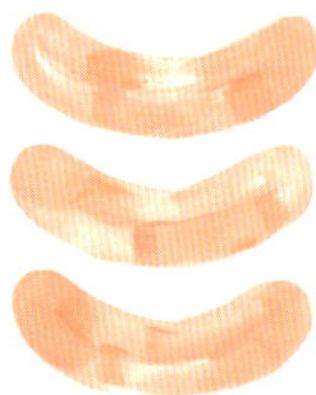
SAUCISSES

PANCETTA

ŒUFS

FETA

FROMAGE DE CHÈVRE

MOZZARELLA

PARMESAN

ROQUEFORT

LES LÉGUMES

LES GARNITURES

LA CUISSON DU RIZ ET DES PÂTES

RIZ/PÂTES	TEMPÉRATURE	TEMPS DE CUISSON CONSEILLÉ
RIZ BASMATI ET RIZ SAUVAGE (200 g de riz + 35 cl d'eau ou de bouillon)	160 °C (CT)/180 °C/TH. 5-6	**40 MIN** à couvert **10 MIN** à découvert
RIZ COMPLET (300 g de riz + 75 cl d'eau ou de bouillon)	180 °C (CT)/200 °C/TH. 6	**1 H** à couvert
RIZ À RISOTTO (300 g de riz + 1,5 l de bouillon)	160 °C (CT)/180 °C/TH. 5-6	**50 MIN**
LANGUES D'OISEAUX (250 g de langues d'oiseaux + 50 cl de bouillon)	200 °C (CT)/220 °C/TH. 6-7	**15-20 MIN** à couvert

OU CUISSON À L'EAU BOUILLANTE SALÉE

Après cuisson, égouttez le riz, remettez-le dans la casserole vidée, couvrez et laissez gonfler 5 minutes.

RIZ JASMIN	**15 MIN**
RIZ BASMATI	**15 MIN**
RIZ COMPLET	**30 MIN**
RIZ BASMATI ET RIZ SAUVAGE	**25-30 MIN**
RIZ ROUGE	**35-40 MIN**
PÂTES	Suivez les instructions du paquet

Dans ce tableau, les températures sont indiquées pour un four à chaleur tournante (CT) et pour un four traditionnel. Toutefois, les températures précisées dans les recettes correspondent uniquement à un four à chaleur tournante.

SAUMON MISO AUX CHAMPIGNONS, PAK-CHOÏ ET RIZ JASMIN

Le miso, avec sa saveur umami très intense, complète merveilleusement bien le saumon dans cette recette, tandis que le pak-choï, lui, tranche avec la richesse du plat. Vous aurez besoin de 25 min montre en main pour préparer ce délice. Cela vaut bien le coup d'avoir en réserve au frais un bocal de pâte miso, pour les repas de dernière minute !

Pour 2 personnes
Préparation : 5 min
Cuisson : 20 min

200 g de riz jasmin
2 filets de saumon
200 g de champignons exotiques, coupés grossièrement à la main
2 gros pak-choï (chou chinois), coupés en 4
2 gousses d'ail, râpées
1 morceau de gingembre frais de 5 cm, râpé
30 g de pâte miso
2 cl de vinaigre de riz

1. Préchauffez votre four à 180 °C (th. 6). Versez le riz dans de l'eau bouillante et faites cuire sur feu doux 15 min, jusqu'à ce qu'il soit cuit. Égouttez-le ensuite dans une passoire.

2. Pendant ce temps, disposez les filets de saumon, les champignons et le pak-choï dans un plat allant au four. Mélangez l'ail et le gingembre râpé avec la pâte miso et le vinaigre de riz. Étalez 1 c. à c. de cette préparation sur chaque filet de saumon. Déposez une bonne cuillerée de la préparation restante sur les morceaux de pak-choï et les champignons.

3. Recouvrez bien d'aluminium, et enfournez pour 20 min.

4. Servez le saumon et les légumes chauds avec le riz.

BAR, LÉGUMES VERTS, ET RIZ JASMIN

Une sauce toute légère aux parfums d'Asie, c'est exactement ce qu'il faut ici pour compléter délicieusement le bar et ses légumes au four. Un plat parfaitement équilibré, servi avec un riz blanc léger.

Pour 2 personnes
Préparation : 10 min
Cuisson : 15 min

200 g de riz jasmin ou de riz blanc à grain court
100 g d'asperges
200 g de pak-choï, coupé en quartiers
1 c. à s. d'huile d'arachide
2 filets de bar

POUR LA SAUCE
1 morceau de gingembre frais de 4 cm, râpé
2 gousses d'ail, râpées
1 piment rouge, finement émincé
1 ciboule, finement émincée
3 c. à s. d'huile de sésame
Le zeste et le jus de 1 citron vert
1 c. à s. de sauce nuoc-mâm
1 c. à s. de sauce soja
1 petite poignée de coriandre fraîche, finement hachée

1. Préchauffez votre four à 180°C (th. 6). Versez le riz dans de l'eau bouillante et faites cuire 15 min. Égouttez-le ensuite dans une passoire.

2. Pendant ce temps, déposez les asperges et le pak-choï dans un grand plat allant au four, et mélangez avec l'huile. Placez le tout 5 min dans le four préchauffé. Déposez ensuite les filets de bar sur les légumes et enfournez à nouveau pour 8 min.

3. Préparez la sauce : Mélangez le gingembre, l'ail, le piment rouge et la ciboule avec l'huile de sésame, le zeste et le jus de citron vert, la sauce nuoc-mâm, la sauce soja et la coriandre. Répartissez la sauce sur le poisson et les légumes sortis du four, et servez immédiatement, avec le riz en accompagnement.

AVOCAT ET POULET AU RIZ COMPLET ET À LA GRENADE

Laissez-vous séduire par ce superbe contraste de saveurs et de textures, offert par un trio de choc : de l'avocat cuit au four (original, mais délicieux), de la grenade croquante, et du poulet relevé d'un peu de piment. Ce plat est plus consistant qu'il n'en a l'air, alors servez-le en plat principal, léger pour 4 personnes, ou pour 2 personnes qui ont très faim ! Vous pouvez augmenter les quantités d'avocat et de poulet, en fonction des convives.

Pour 2 à 4 personnes
Préparation : 10 min
Cuisson : 30 min

300 g de riz complet
2 avocats
2 gros blancs de poulet fermier
1 c. à c. de piment rouge (en flocons ou en poudre)
3 c. à s. d'huile d'olive
200 g d'épinards frais, finement émincés (pour servir)
Sel de mer et poivre noir

POUR L'ASSAISONNEMENT
Le jus de 2 citrons verts
6 c. à s. d'huile d'olive extra-vierge
30 g de feuilles de menthe fraîche, finement ciselée
Les graines de 2 grenades

1. Préchauffez votre four à 180 °C (th. 6). Versez le riz dans une grande casserole d'eau bouillante salée et laissez mijoter 30 min, jusqu'à ce que le riz soit cuit et un peu al dente.

2. Pendant ce temps, coupez les avocats en 2 et retirez les noyaux. Déposez-les ensuite dans un plat allant au four, face coupée vers le haut, avec les blancs de poulet, en veillant à ce que le tout forme une seule couche. Saupoudrez de piment, de sel et de poivre noir fraîchement moulu, puis arrosez d'un filet d'huile d'olive. Mélangez rapidement les ingrédients, pour bien les enrober d'huile, puis enfournez pour 25 min, jusqu'à ce que le poulet soit bien cuit.

3. Préparez l'assaisonnement : Mélangez au fouet le jus de citron vert, l'huile d'olive extra-vierge, les feuilles de menthe et les graines de grenade. Salez, poivrez et réservez.

4. Une fois le riz cuit, égouttez-le bien dans une passoire, puis laissez-le gonfler quelques minutes. Retirez du plat le poulet et les avocats cuits, coupez-les en tranches, et jetez la peau des avocats. Mettez le riz dans le plat, avec la moitié de l'assaisonnement et les épinards, et mélangez bien avec l'huile pimentée restée dans le plat. Répartissez les tranches de poulet et d'avocat par-dessus, avec la sauce à la grenade, et servez chaud.

MÉLANGE D'HIVER AUX CHOUX DE BRUXELLES ET À LA PANCETTA

Les choux de Bruxelles cuisinés avec de la pancetta ? Un classique, me direz-vous. Normal, leur mariage est à tomber ! Avec du riz sauvage pour les féculents, des graines pour le croquant, de la feta et du citron pour les arômes, cette « salade » de riz ravira vos papilles pour un dîner chaud ou un déjeuner froid le lendemain.

Pour 2 personnes
(portions généreuses)
Préparation : 10 min
Cuisson : 30 min

200 g de riz sauvage
500 g de choux de Bruxelles, coupés en 2
80 g de pancetta, coupée en cubes
2 c. à s. d'huile d'olive
50 g de graines de tournesol
Le jus de 1 citron
100 g de feta, émiettée
Une poignée de persil plat frais, finement haché
Sel de mer et poivre noir

1. Préchauffez votre four à 180 °C (th. 6). Versez le riz dans une casserole d'eau bouillante salée et laissez mijoter 25 à 30 min, jusqu'à ce que le riz soit cuit.

2. Mettez les moitiés de choux de Bruxelles et les cubes de pancetta dans un plat allant au four suffisamment large pour tout contenir en une seule couche. Poivrez généreusement, arrosez d'un filet d'huile d'olive, et mélangez bien tous les ingrédients à la main. Enfournez pour 25 à 30 min. Parsemez de graines de tournesol pour les 5 dernières min de cuisson.

3. Égouttez bien le riz, puis incorporez-le aux choux de Bruxelles et à la pancetta cuits, et ajoutez le jus de citron, la feta émiettée et parsemez de persil plat. Goûtez et rectifiez si besoin l'assaisonnement en sel et en poivre. Servez chaud.

BOULETTES DE VIANDE ET PAK-CHOÏ, AVEC LEUR SAUCE RELEVÉE

Le sésame et le gingembre sont faits pour s'entendre avec les boulettes de viande. Ces petites merveilles gustatives sont relevées d'une subtile touche de piment, et la cuisson au four leur confère une texture très agréable en bouche. Utilisez ici de la viande hachée de bœuf, d'agneau, ou un mélange de bœuf et de porc. Ce plat est encore meilleur dégusté dès sa sortie du four.

Pour 4 personnes
Préparation : 15 min
Cuisson : 35 à 40 min

200 g de riz rouge, rincé
500 g de viande hachée de bœuf, de bonne qualité
3 ciboules, très finement émincées
½ piment rouge, épépiné et finement haché
1 morceau de gingembre frais de 5 cm, râpé
1 gousse d'ail, hachée
2 c. à s. d'huile de sésame
1 c. à s. de graines de sésame
1 c. à c. de sel de mer
4 pak-choï coupés en 8

POUR LA SAUCE
1 morceau de gingembre frais de 2,5 cm, râpé
1 gousse d'ail, râpée
2 c. à s. d'huile de sésame
1 citron vert (jus et zeste)
2 ciboules, émincées
½ piment rouge haché

1. Préchauffez votre four à 180 °C (th. 6). Jetez le riz dans une grande quantité d'eau bouillante salée, et laissez mijoter 35 à 40 min, jusqu'à ce qu'il soit cuit.

2. Pendant ce temps, dans un grand saladier, travaillez ensemble la viande et ses condiments (sauf le pak-choï), jusqu'à ce que tous les ingrédients soient bien amalgamés.

3. Façonnez 24 boulettes de la taille d'une noix. Déposez-les dans un plat allant au four et enfournez pour 25 min. Mélangez tous les ingrédients prévus pour la sauce et salez.

4. Après 25 min de cuisson, insérez les morceaux de pak-choï dans le plat et enfournez à nouveau, pour 5 à 6 min, afin de les attendrir un peu.

5. Égouttez bien le riz, et disposez-le dans le plat, avec les boulettes de viande et le pak-choï. Versez la sauce par-dessus et mélangez bien le tout avant de servir.

MAGRET DE CANARD AU CINQ-ÉPICES, RIZ ET CHOU KALE

Cette recette de magret de canard et de riz sauvage est incroyablement bonne, avec toute sa panoplie de saveurs et de textures. Et si vous êtes plus de 2 à table, vous n'aurez qu'à augmenter les proportions, le résultat sera tout aussi délicieux. C'est certainement l'un de mes plats préférés de ce livre !

Pour 2 personnes
Préparation : 10 min
Cuisson : 50 min

200 g d'un mélange de riz basmati et de riz sauvage
35 cl d'eau
1 morceau de gingembre frais de 5 cm, râpé
2 gousses d'ail, entières
2 c. à c. de sel de mer
1 étoile de badiane
100 g de chou kale, émincé
1 c. à s. d'huile de sésame
2 magrets de canard (340 g env.)
2 c. à c. de cinq-épices
½ piment rouge, finement émincé
2 ciboules, finement émincées

1. Préchauffez votre four à 160 °C (th. 5-6). Mélangez le riz, l'eau, le gingembre, l'ail et 1 c. à c. de sel dans un plat allant au four, et jetez-y l'étoile de badiane.

2. Mélangez ensuite le chou kale émincé avec l'huile de sésame, puis éparpillez-le sur le riz.

3. À l'aide d'un couteau bien pointu, incisez les magrets côté peau, puis frottez-les sur toute leur surface avec la cuillerée à café restante de sel et le cinq-épices. Déposez la viande sur le chou, couvrez bien le plat d'aluminium, puis enfournez pour 40 min.

4. Retirez l'aluminium et faites cuire à découvert pendant 10 min, pour donner un peu de croquant aux feuilles de chou. Laissez les magrets reposer 5 min en dehors du four, puis découpez-les en fines tranches et remettez-les dans le plat. Parsemez de piment rouge et de ciboules, et servez chaud.

AUBERGINES ET POMMES DE TERRE ÉPICÉES, AVEC RIZ BASMATI

En Inde du Sud, on prépare un plat que j'aime beaucoup, dans lequel on mélange des aubergines et des pommes de terre avec de l'huile et de la poudre de sambar. Je m'en inspire dans cette variante que je propose ici. Ma mère, dans sa recette à elle, fait rôtir les légumes jusqu'à ce qu'ils soient croustillants, avant de les saler généreusement. On en mange à même le plat !

Pour 4 personnes
Préparation : 10 min
Cuisson : 1 h

2 aubergines
500 g de pommes de terre
2 c. à c. de coriandre en poudre
2 c. à c. de cumin en poudre
½ c. à c. de piment en poudre (1 c. à c. si le piment n'est pas très fort)
3 c. à s. d'huile végétale
300 g de riz basmati, rincé
40 cl de lait de coco en conserve
35 cl d'eau
4 ou 5 c. à s. de yaourt à la grecque
15 g de feuilles de coriandre fraîche
Sel de mer

1. Préchauffez votre four à 180 °C (th. 6). Tranchez les aubergines et les pommes de terre en 2, dans le sens de la longueur. Puis coupez les aubergines en demi-lunes de 1 cm d'épaisseur et les pommes de terre en demi-lunes de 0,5 cm d'épaisseur. Déposez le tout dans un très grand plat allant au four.

2. Mélangez la coriandre, le cumin et le piment avec 1 c. à c. de sel, puis saupoudrez sur le plat. Arrosez d'un filet d'huile, et mélangez bien les ingrédients à la main. Enfournez ensuite pour 1 h.

3. Versez le riz rincé, le lait de coco et l'eau dans une casserole munie d'un couvercle. Salez et remuez bien. Portez à ébullition, couvrez et laissez mijoter sur feu très doux pendant 15 min. Retirez le couvercle, aérez le riz à la fourchette, couvrez à nouveau et laissez cuire à la vapeur 5 min de plus.

4. Déposez le yaourt par-dessus, parsemez de coriandre et servez immédiatement avec le riz.

RISOTTO À LA BETTERAVE

Quelques minutes de préparation et... c'est tout ! Ce risotto joliment rosé cuit tout seul au four et ravira les grandes tablées.

Pour 4 à 6 personnes
Préparation : 10 min
Cuisson : 1 h 15

300 g de riz carnaroli
2 c. à s. d'huile d'olive
1 oignon, finement émincé
Une pincée de sel de mer
400 g de betterave rouge fraîche, râpée
10 cl de vin blanc
1,5 l de bouillon de légumes
120 g de fromage de chèvre
50 g de noisettes
Une poignée de feuilles de roquette (pour servir)
Poivre noir fraîchement moulu

Important : Prévoyez une cocotte utilisable sur plaque de cuisson et au four.

1. Préchauffez votre four à 160 °C (th. 5-6). Dans une cocotte, faites chauffer l'huile puis ajoutez l'oignon et une pincée de sel. Remuez brièvement, couvrez, et laissez ramollir les oignons 10 min, en mélangeant à mi-cuisson.

2. Ajoutez le riz carnaroli et faites revenir 1 min, puis ajoutez la betterave. Mélangez, versez le vin blanc et laissez mijoter 1 min jusqu'à évaporation du vin. Ajoutez ensuite le bouillon.

3. Portez à ébullition, puis couvrez et enfournez pour 50 min.

4. Après 40 min de cuisson, déposez les tranches de fromage de chèvre et les noisettes sur le risotto, puis couvrez à nouveau et enfournez pour les 10 dernières min de cuisson.

5. Parsemez de roquette et de poivre noir fraîchement moulu, et servez sans attendre.

LANGUES D'OISEAUX ÉPICÉES, AUX LÉGUMES ET PARMESAN

J'aime beaucoup les langues d'oiseaux, ces petites pâtes qui se prêtent bien à la cuisson au four. Il vous reste un peu de parmesan ? Plongez-en quelques copeaux dans le bouillon de légumes, ils libéreront un arôme incroyable.

Pour 3 ou 4 personnes
Préparation : 15 min
Cuisson : 25 à 30 min

250 g de langues d'oiseaux
1 grosse tête de brocoli (375 g environ), détaillée en petites fleurettes
1 oignon, finement émincé
2 c. à s. d'huile d'olive
2 gousses d'ail, écrasée
1 c. à c. de piment rouge (en flocons ou en poudre)
1 c. à c. de sel de mer
50 cl de bouillon de légumes
50 g de cerneaux de noix
60 g de parmesan, râpé
Le zeste et le jus de ½ citron
100 g de feuilles d'épinard, grossièrement hachées

Conseil : Si vos flocons de piment sont plutôt forts, n'utilisez que la moitié d'une cuillerée à café.

1. Préchauffez votre four à 200 °C (th. 6-7). Dans un plat allant au four, mélangez les fleurettes de brocoli, l'oignon, l'huile d'olive, l'ail, le piment et le sel, puis enfournez pour 10 min.

2. Dans ce même plat, incorporez les langues d'oiseaux et versez le bouillon de légumes. Couvrez soigneusement avec l'aluminium, puis enfournez à nouveau pour 15 à 20 min, jusqu'à absorption du bouillon.

3. Déposez les cerneaux de noix sur un plateau de cuisson, et passez-les au four 5 min pour les faire griller.

4. Retirez la feuille d'aluminium du plat de langues d'oiseaux, et incorporez le parmesan, ainsi que le zeste et le jus de citron. Rectifiez l'assaisonnement en sel si besoin. Incorporez enfin les épinards, puis parsemez de noix grillées et servez.

GNOCCHI CROUSTILLANTS FAÇON SALADE CAPRESE

Cette version au four de la salade caprese, riche en féculents (et fière de l'être !), est sûrement le plat le plus simple et le plus rapide à préparer de ce livre. La découverte des gnocchi croustillants a été pour moi une révélation gustative, un peu comme d'excellentes pommes de terre rôties, mais en moins longs à cuisiner. Pour un maximum de croustillant, utilisez ici un plat en métal.

Pour 2 personnes en plat principal (ou 4 en accompagnement ou entrée)
Préparation : 10 min
Cuisson : 30 min

500 g de gnocchi
2 c. à s. d'huile d'olive
300 g de tomates cerises grappes de bonne qualité, coupées en 8
125 g de mozzarella, coupée en morceaux de 1 cm
1 gros bouquet de basilic frais
40 g de pignons de pin
Sel de mer et poivre noir

1. Préchauffez votre four à 200 °C (th. 6-7)
2. Déposez les gnocchi dans un grand saladier et recouvrez-les d'eau bouillante. Laissez-les cuire ainsi 2 min, puis égouttez bien.
3. Mettez les gnocchi cuits dans un plat allant au four, avec l'huile d'olive, et mélangez bien pour les enrober uniformément d'huile. Insérez dans le plat les morceaux de tomates et de mozzarella, ainsi que la moitié du basilic. Salez et poivrez, puis enfournez pour 25 min.
4. Parsemez de pignons de pin 5 min avant la fin de la cuisson, pour les faire griller.
5. Déposez le reste des feuilles de basilic, et servez immédiatement.

PÂTES À LA FLORENTINE

Des œufs, des épinards et de la noix de muscade s'associent ici pour nous offrir un plat réconfortant, et encore plus délicieux avec des pâtes. Avec un peu de chorizo épicé ou de feta affinée pour lui donner du peps, ce plat donne envie de remplir son assiette et de la déguster confortablement sur son canapé.

Pour 2 personnes
Préparation : 10 min
Cuisson : 40 min

200 g de spaghetti
150 g de crème fraîche
1 c. à c. de sel de mer
Un bon tour de moulin de poivre noir
Une pincée de noix de muscade râpée
200 g de jeunes pousses d'épinards
100 g de chorizo (ou de feta) grossièrement coupé
4 œufs fermiers
Le jus de ½ citron

1. Préchauffez votre four à 150 °C (th. 5). Faites cuire les spaghetti 9 min dans de l'eau bouillante salée, jusqu'à ce qu'ils soient al dente.

2. Égouttez bien (réservez quelques cuillerées à soupe d'eau de cuisson), puis remettez les pâtes dans la casserole. Incorporez la crème fraîche, l'eau de cuisson mise de côté, le sel, le poivre et la noix de muscade.

3. Goûtez et salez encore si nécessaire (attention, le chorizo ou la feta sont déjà salés). Transvasez les pâtes dans un plat allant au four, et incorporez petit à petit les pousses d'épinards, puis parsemez de la moitié du chorizo ou de la feta.

4. Marquez 4 creux dans les pâtes et les épinards, et cassez les œufs à l'intérieur. Parsemez du reste de chorizo ou de feta, saupoudrez d'un petit peu de sel, de noix de muscade et de poivre fraîchement moulu, et enfournez pour 25 min, jusqu'à ce que les œufs soient juste pris.

5. Ajoutez un peu de jus de citron, et servez immédiatement.

RIGATONI AL FORNO
AUX ARTICHAUTS ET À LA PANCETTA

Dans mon ouvrage culinaire préféré, *Le Répertoire des saveurs*, son auteur Niki Segnit nous offre une exquise recette de pâtes aux artichauts et à la pancetta. Je vous en propose ici une variante, un peu allégée en fromage et en crème (pour la version gourmande et sans complexe, je vous conseille volontiers la recette originale). Je l'ai ajustée au fil des années, plus par manque d'ingrédients que pour faire attention à ma ligne...

Pour 2 personnes
Préparation : 10 min
Cuisson : 40 min

200 g de rigatoni
80 g de pancetta, coupée en dés
280 g d'artichauts en bocal (réservez l'huile de marinade)
1 oignon blanc, finement émincé
30 cl de crème fraîche
10 g de persil plat frais, finement haché
Sel de mer et poivre noir
75 g de parmesan, râpé
50 g de chapelure japonaise panko (ou de chapelure classique)

1. Préchauffez votre four à 200 °C (th. 6-7).

2. Dans un plat allant au four, mélangez les dés de pancetta, les artichauts et l'oignon blanc, avec 1 c. à s. de l'huile mise de côté, puis enfournez pour 20 min.

3. Pendant ce temps, portez à ébullition une grande casserole d'eau salée, puis ajoutez les pâtes et faites cuire 10 min.

4. Égouttez bien les rigatoni, puis retirez le plat du four, et mélangez avec la préparation à l'oignon, aux artichauts et à la pancetta. Incorporez la crème fraîche et le persil, puis salez et poivrez selon le goût.

5. Saupoudrez de parmesan et de chapelure et enfournez à nouveau, pour 20 min, jusqu'à ce que ce soit bien doré et croustillant. Servez immédiatement.

SAUCISSES AUX LÉGUMES ET CONCHIGLIETTE

Envie d'un bon petit repas réconfortant pour le week-end ? Ce plat de pâtes riche et bien complet vous comblera. Si vos saucisses sont épicées, l'alliance des saveurs sera encore plus réussie avec le fenouil et les tomates.

Pour 4 personnes
Préparation : 10 min
Cuisson : 55 min

300 g de conchigliette
1 oignon, finement émincé
1 bulbe de fenouil, finement émincé
270 g de saucisses de porc fermier, coupées en rondelles de 0,5 cm
2 c. à s. d'huile d'olive
2 boîtes de 400 g de tomates concassées
400 g de haricots cannellini en conserve, égouttés et rincés
2 gousses d'ail, écrasées
1 brin de romarin frais
3 ou 4 brins d'origan frais
2 c. à c. de sel de mer
Poivre noir fraîchement moulu
1 c. à c. de sucre roux
50 cl d'eau
2 c. à s. d'huile d'olive extra-vierge
Une poignée de feuilles d'origan frais
Une poignée de parmesan fraîchement râpé

1. Préchauffez le gril sur le thermostat maximal. Déposez l'oignon, le fenouil, les rondelles de saucisses et l'huile d'olive dans un plat allant au four, et mélangez brièvement.

2. Enfournez sous le gril 10 min. Remuez bien tous les ingrédients, enfournez à nouveau sous le gril 5 min, jusqu'à ce que le tout soit doré uniformément. Retirez ensuite le plat du four.

3. Éteignez le gril, et préchauffez votre four à 180 °C (th. 6). Ajoutez les tomates concassées, les haricots cannellini, l'ail écrasé, les conchigliette, le romarin, l'origan, le sel, le poivre, le sucre et l'eau au plat contenant les saucisses et l'oignon. Mélangez bien et enfournez à nouveau, pour 40 min.

4. Goûtez et rectifiez si nécessaire l'assaisonnement en sel et en poivre. Incorporez l'huile d'olive extra-vierge, et parsemez d'origan et de parmesan juste avant de servir.

FUSILLI, POIVRONS ET CHAMPIGNONS AVEC SAUCE TOMATE-PESTO

Voici la recette de prédilection de ma sœur Padmini pour ses plats au four. Quand nous étions colocataires, nous préparions le dîner à tour de rôle, et quel plaisir de trouver dans le four ce délicieux et nourrissant plat végétarien ! Je vous en livre ici une petite variante à ma sauce à moi.

Pour 4 personnes
Préparation : 15 min
Cuisson : 50 min

300 g de fusilli
3 poivrons rouges, grossièrement émincés
500 g de champignons bruns ou Portobellini
3 c. à s. d'huile d'olive
4 gousses d'ail, écrasées
3 ou 4 brins de romarin frais
½ c. à c. de piment rouge (en flocons ou en poudre)
2 boîtes de 400 g de tomates concassées
150 g de pesto vert
Une bonne poignée de parmesan râpé
240 g de fromage de chèvre
Sel de mer et poivre noir

1. Préchauffez votre four à 200 °C (th. 6-7). Mettez les poivrons, les champignons, l'huile d'olive, l'ail, le romarin, 2 c. à c. de sel et le piment dans un très grand plat à rôtir, et mélangez bien. Enfournez pour 20 min.

2. Pendant ce temps, portez à ébullition une grande casserole d'eau salée, et faites cuire les fusilli 11 min, avant de bien les égoutter.

3. Ajoutez les pâtes et les tomates concassées dans le plat, avec quelques pincées de sel, et mélangez bien. Déposez quelques cuillerées de pesto par-dessus, et parsemez de parmesan et de fromage de chèvre. Enfournez pour 30 min de plus, jusqu'à ce que le dessus soit doré et forme de petites bulles.

SUPERGRAINES

UN PETIT TOUR AU FOUR AVEC D'AUTRES INGRÉDIENTS ET DU BOUILLON, ET VOILÀ DES GRAINES AVEC UN MAXIMUM DE SAVEURS POUR UN MINIMUM D'EFFORTS !

6 SUPERGRAINES : QUELS INGRÉDIENTS ?

LES GRAINES

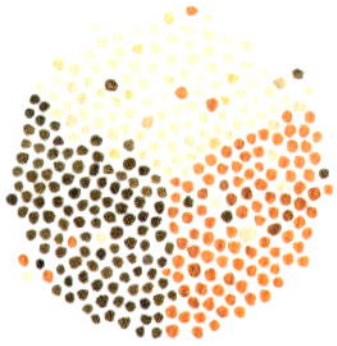
QUINOA ROUGE, BLANC, NOIR

COUSCOUS PERLÉ/ ORDINAIRE

ORGE PERLÉ

BOULGOUR

ÉPEAUTRE

SARRASIN

FARRO

AVOINE

+

LES LÉGUMES

ARTICHAUTS À L'HUILE

CAROTTE

PANAIS

BROCOLI

CHAMPIGNON

PATATE DOUCE

CHOU-FLEUR

AIL

POIVRON ROUGE

TOMATE

OIGNON ROUGE

LES PROTÉINES

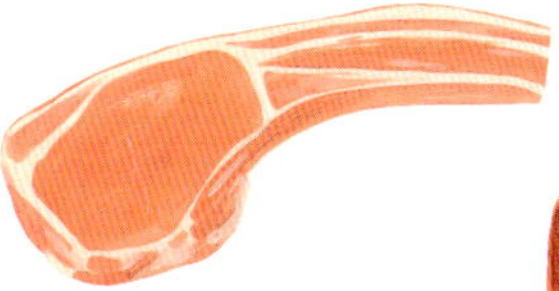

AGNEAU

CHORIZO

FROMAGE
DE CHÈVRE

FETA

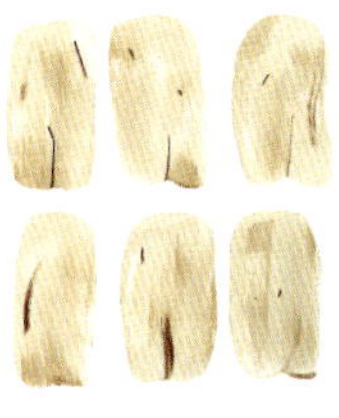

HALLOUMI

CHEDDAR

GORGONZOLA
PIQUANT

PARMESAN

POUR LE CROQUANT (ET LE FRUITÉ)

PISTACHES

ABRICOTS

PIGNONS DE PIN

NOISETTES

LES LÉGUMES VERTS

BASILIC

ROQUETTE

ÉPINARD

MENTHE

LA CUISSON DES SUPERGRAINES

GRAINES	TEMPÉRATURE	TEMPS DE CUISSON CONSEILLÉ
QUINOA (120 g de quinoa + 36 cl d'eau ou de bouillon)	**200 °C (CT)/220 °C/TH. 7-8**	**20 MIN** à couvert
COUSCOUS PERLÉ (200 g de couscous perlé + 42,5 cl de bouillon)	**180 °C (CT)/200 °C/TH. 6**	**20 MIN** à couvert
COUSCOUS ORDINAIRE (200 g de couscous complet + 25 cl de bouillon)	**160 °C (CT)/180 °C/TH. 5-6**	**10 MIN** à couvert
ORGE PERLÉ (150 g d'orge perlé + 35 cl d'eau ou de bouillon)	**150 °C (CT)/170 °C/TH. 5**	**1 H** à couvert
BOULGOUR (200 g de boulgour + 40 cl d'eau ou de bouillon)	**180 °C (CT)/200 °C/TH. 6**	**15 MIN** à couvert
ÉPEAUTRE (150 g d'épeautre + 35 cl d'eau ou de bouillon)	**150 °C (CT)/170 °C/TH. 5**	**1 H** à couvert
SARRASIN (140 g de sarrasin + 32 cl d'eau ou de bouillon)	**150 °C (CT)/170 °C/TH. 5**	**30 MIN** à couvert
FARRO (150 g de farro à cuisson rapide + 35 cl d'eau ou à couvert)	**180 °C (CT)/200 °C/TH. 6**	**30 MIN** à couvert

Dans ce tableau, les températures sont indiquées pour un four à chaleur tournante (CT) et pour un four traditionnel. Toutefois, les températures précisées dans les recettes correspondent uniquement à un four à chaleur tournante.

COUSCOUS PERLÉ ET SAUMON EN CROÛTE DE PIGNONS

Le saumon au pesto, c'était un incontournable à l'université. Cette recette propose en bonus un féculent à cuisson rapide dans le même plat, donc inutile de prévoir un accompagnement. La saveur poivrée du cresson se marie parfaitement avec le saumon, mais vous pouvez aussi utiliser des épinards ou de la roquette.

Pour 2 personnes
Préparation : 5 min
Cuisson : 20 min

200 g de couscous perlé (ou couscous israélien) au blé complet
40 cl de bouillon de légumes
Le zeste et le jus de 2 citrons
2 filets de saumon (200 g env. chacun), sans la peau
2 c. à s. de votre pesto préféré
20 g de pignons de pin, grossièrement hachés
100 g de cresson, grossièrement haché
Sel de mer et poivre noir

1. Préchauffez votre four à 180 °C (th. 6). Déposez le couscous dans un plat allant au four avec le zeste des citrons, puis versez le bouillon de légumes.

2. Déposez les filets de saumon sur le couscous, et étalez le pesto sur chacun d'eux. Parsemez les pignons hachés sur le pesto, en appuyant un peu sur toute la surface. Recouvrez bien le plat avec de l'aluminium, puis enfournez pour 20 min.

3. Retirez les filets, et incorporez le cresson haché au couscous. Assaisonnez selon votre goût avec le jus de citron, le sel et le poivre noir fraîchement moulu, puis servez avec le saumon.

CHAMPIGNONS, ARTICHAUTS ET COUSCOUS PERLÉ

Bientôt, vous ne pourrez plus vous passer de ce plat pour vos dîners en semaine ou vos repas entre amis du week-end. La texture du couscous perlé (bien meilleure au blé complet) met parfaitement en valeur les champignons et les artichauts, aux notes citronnées. Pour un petit supplément de protéines, n'hésitez pas à ajouter un peu de feta ou de fromage de chèvre émietté.

Pour 4 personnes
Préparation : 10 min
Cuisson : 20 min

200 g de couscous perlé (ou couscous israélien) au blé complet
200 g de champignons bruns, coupés en 2
1 bocal d'env. 280 g d'artichauts à l'huile d'olive, égouttés
1 oignon, finement émincé
2 gousses d'ail, écrasées
2 c. à s. d'huile d'olive (du bocal d'artichauts)
40 cl de bouillon de légumes
2 c. à s. de yaourt à la grecque
Le jus de 1 citron
Une grosse poignée de basilic frais, grossièrement déchiré
Sel de mer

1. Préchauffez votre four à 180 °C (th. 6). Mettez les champignons, les artichauts, l'oignon, l'ail, l'huile des artichauts et le couscous dans un plat allant au four. Mélangez bien tous les ingrédients afin de bien les enrober d'huile. Versez le bouillon de légumes, remuez et recouvrez le plat d'aluminium. Enfournez pour 20 min.

2. Retirez l'aluminium après la cuisson, puis incorporez le yaourt et le jus de citron. Goûtez et rectifiez si nécessaire l'assaisonnement en sel. Parsemez de basilic juste avant de servir.

BOULGOUR AUX POIVRONS ET AUX TOMATES

Dans ce plat, les tomates et les poivrons assaisonnent à eux tout seuls le boulgour. Inutile d'en rajouter, sauf si l'envie d'une petite note d'agrume vous prend, avec quelques gouttes de citron. Si vous préférez vos poivrons moins al dente et un peu plus grillés, n'hésitez pas à les passer au four 15 min avant d'ajouter les tomates cerises et l'ail.

Pour 4 personnes
Préparation : 5 min
Cuisson : 35 min

200 g de boulgour
2 poivrons rouges, coupés en gros morceaux
300 g de tomates cerises
4 gousses d'ail, avec la peau
2 c. à s. d'huile d'olive
40 g de pignons de pin
40 cl de bouillon de légumes
100 g de feta
Persil plat, basilic ou autres herbes aromatiques fraîches
Sel de mer et poivre noir

1. Préchauffez votre four à 180 °C (th. 6). Déposez les poivrons rouges, les tomates cerises et les gousses d'ail dans un grand plat allant au four. Arrosez d'un filet d'huile d'olive, et saupoudrez de sel et de poivre noir fraîchement moulu. Enfournez dans le four préchauffé pour 15 min. Parsemez ensuite de pignons de pin, et enfournez à nouveau, pour 5 min.

2. Versez le boulgour dans le plat, et incorporez-le délicatement aux poivrons et aux tomates. Versez le bouillon, et mélangez bien, de façon à ce que le boulgour soit bien immergé. Recouvrez d'aluminium, et enfournez à nouveau, pour 15 min.

3. Retirez l'aluminium et parsemez le plat de feta et de fines herbes. Goûtez et rectifiez si nécessaire l'assaisonnement en sel et poivre. Servez chaud.

QUINOA AU THON FRAIS ET À LA MANGUE

Cette recette de poisson frais, rapide à préparer, met à l'honneur une sauce asiatique, de la mangue et du quinoa, pour un repas léger et savoureux à la fois. Choisissez une mangue assez ferme, elle sera plus facile à découper.

Pour 2 personnes
Préparation : 10 min
Cuisson : 25 à 30 min

120 g de quinoa, bien rincé (le rouge et le blanc donnent de jolies couleurs)
35 cl d'eau bouillante
Sel de mer
Le zeste et le jus de 1 citron vert
2 steaks de thon
1 c. à c d'huile de sésame
1 c. à c. de graines de sésame (noir si possible)
1 mangue, coupée en tranches fines

POUR LA SAUCE ASIATIQUE
2 ciboules, finement émincées
½ piment rouge, finement émincé
1 c. à s. de sauce nuoc-mâm
1 c. à s. de sauce soja
1 c. à s. d'huile de sésame
10 g de coriandre fraîche, finement ciselée

1. Préchauffez votre four à 200 °C (th. 6-7). Mettez le quinoa dans un plat allant au four et recouvrez-le d'eau bouillante. Ajoutez 1 c. à c. de sel et le zeste de citron vert. Recouvrez bien d'aluminium et enfournez pour 20 min.

2. Pendant ce temps, préparez la sauce asiatique : mélangez les ciboules, le piment rouge, la sauce nuoc-mâm, la sauce soja, l'huile de sésame, le jus de citron vert et la coriandre. Le goût est assez prononcé et c'est normal, n'oubliez pas que ce sera mélangé plus tard au quinoa.

3. Retirez l'aluminium du plat, et déposez les steaks de thon sur le quinoa. Arrosez chaque steak d'un peu d'huile de sésame, et parsemez d'une pincée de sel et de graines de sésame. Enfournez à nouveau, pendant 5 min pour un thon joliment rosé à l'intérieur, et pendant 7 à 8 min si vous le préférez bien cuit.

4. Une fois la cuisson terminée, retirez le thon et découpez-le en tranches. Remettez-le dans le plat, ajoutez les tranches de mangue, et nappez bien le tout de sauce. Servez tiède.

CRUMBLE DE CHOU-FLEUR ET DE BROCOLI AU FROMAGE DE CHÈVRE

Ce délicieux plat végétarien, réconfortant et chaleureux, a tout pour plaire. Et vous pouvez tout à fait remplacer le fromage de chèvre par de la fourme d'Ambert.

Pour 4 personnes
Préparation : 15 min
Cuisson : 45 min

50 g de flocons d'avoine
1 chou-fleur de taille moyenne, détaillé en grosses fleurettes
1 tête de brocoli de taille moyenne, détaillé en grosses fleurettes
2 gousses d'ail, écrasées
3 c. à s. d'huile d'olive
15 cl de crème fraîche épaisse
125 g de fromage de chèvre doux, émietté (ou fourme d'Ambert)
Sel de mer et poivre noir

POUR LE CRUMBLE
50 g de noisettes, très grossièrement concassées
50 g de beurre, coupé en cubes
40 g de chapelure japonaise panko (ou chapelure classique)

1. Préchauffez votre four à 200 °C (th. 6-7). Déposez les fleurettes de chou-fleur et de brocoli dans un grand saladier, recouvrez le tout d'eau bouillante et attendez 2 min avant de les égoutter.

2. Transférez les fleurettes dans un plat allant au four et ajoutez l'ail, l'huile d'olive et quelques bonnes pincées de sel et de poivre noir fraîchement moulu. Mélangez bien les ingrédients à la main, puis enfournez pour 15 min.

3. Pendant ce temps, préparez le crumble : mélangez les noisettes, le beurre, les flocons d'avoine, la chapelure, 2 c. à c. de sel et un bon tour de moulin de poivre, et travaillez tous les ingrédients jusqu'à ce que le beurre soit incorporé uniformément.

4. Après que les fleurettes aient cuit 15 min, retirez-les du four, incorporez la crème fraîche et parsemez de fromage de chèvre émietté. Répartissez le crumble par-dessus, puis enfournez à nouveau, pour 30 min, jusqu'à ce que le dessus soit doré et croustillant.

CAROTTES, PANAIS ET QUINOA AU MIEL

Vous adorez manger du quinoa ou de la salade ? Cette salade tout-en-un au quinoa comblera vos attentes. Avec ses notes caramélisées et fumées, elle sera parfaite pour le dîner ou votre lunchbox du lendemain !

Pour 4 à 6 personnes
Préparation : 10 min
Cuisson : 1 h

240 g de quinoa, bien rincé (le rouge et le blanc donnent de jolies couleurs)
3 carottes, pelées
3 panais, pelés
4 gousses d'ail, avec la peau et écrasées
2 gros brins de romarin frais
2 feuilles de laurier
1 c. à s. de miel
2 c. à s. d'huile d'olive
2 c. à c. de sel de mer
Poivre noir fraîchement moulu
70 cl d'eau bouillante
1 c. à s. d'huile d'olive extra-vierge
60 g de roquette sauvage, lavée
Le jus de ½ citron

1. Préchauffez votre four à 170 °C (th. 5-6). Mettez les carottes, les panais, l'ail, le romarin, les feuilles de laurier, le miel, l'huile d'olive, le sel et le poivre dans un plat à rôtir. Mélangez bien tous les ingrédients à la main, puis enfournez pour 1 h.

2. Après 40 min de cuisson, incorporez le quinoa et l'eau, en raclant bien le fond du plat. Recouvrez d'aluminium, puis enfournez pour les 20 dernières min de cuisson.

3. Retirez la feuille d'aluminium, aérez le quinoa à la fourchette et laissez gonfler 5 min. Versez un filet d'huile d'olive extra-vierge. Goûtez et rectifiez si nécessaire l'assaisonnement en sel et en jus de citron, puis incorporez la roquette. Servez chaud ou froid.

AGNEAU ÉPICÉ, À L'ORGE ET AUX ABRICOTS

Dans ce plat généreux, l'orge perlé s'imprègne de toute la saveur de l'agneau braisé et des épices. Quant aux abricots, ils équilibrent le tout avec leur note sucrée. Et sachez que c'est encore meilleur réchauffé le lendemain !

Pour 4 personnes
Préparation : 15 min
Cuisson : 1 h

150 g d'orge perlé, rincé
4 rumstecks d'agneau (500 g env.)
2 c. à s. d'huile d'olive
2 c. à c. de ras-el-hanout
4 gousses d'ail, écrasées
250 g d'abricots secs
2 oignons rouges, très finement émincés
35 cl de bouillon de volaille
30 g de pistaches, grossièrement hachées
Une petite poignée de menthe fraîche, hachée
Le jus de ½ citron
Sel de mer et poivre noir

Variante : Vous pouvez, si vous préférez, découper l'agneau cuit en petits morceaux et l'incorporer à l'orge. Veillez dans ce cas à les laisser reposer 10 min après la sortie du four.

1. Préchauffez votre four à 150 °C (th. 5). Frottez les tranches de rumsteck avec l'huile d'olive, le ras-el-hanout, 1 c. à c. de sel de mer et la moitié des gousses d'ail, puis réservez.

2. Dans un plat allant au four, mélangez les abricots secs, les oignons rouges, le reste d'ail, l'orge perlé et le bouillon de volaille. Déposez les tranches d'agneau par-dessus, couvrez bien le plat avec une feuille d'aluminium, puis enfournez pour 1 h.

3. Pendant ce temps, mélangez les pistaches et la menthe hachée. À la fin de la cuisson, goûtez l'orge et assaisonnez en sel, poivre et jus de citron à votre convenance.

4. Parsemez l'agneau et l'orge du mélange de pistaches et de menthe juste avant de servir.

AUBERGINE ET COURGE RÔTIES, AVEC BOULGOUR ET HALLOUMI

Goûtez ce boulgour qui, en cuisant aux côtés des légumes, s'imprègne de tous leurs merveilleux arômes. Ce plat végétarien bien complet s'apprécie aussi bien en repas à la maison qu'en déjeuner à emporter.

Pour 4 personnes
Préparation : 15 min
Cuisson : 1 h

200 g de boulgour
700 g de courge (env. la moitié d'une grosse courge), coupée en cubes de 1 cm
1 grosse aubergine, coupée en cubes de 1 cm
250 g de halloumi, coupé en cubes de 1 cm
3 c. à s. d'huile d'olive
1 bouquet moyen de menthe fraîche
Une bonne pincée de sel de mer et de poivre noir
40 cl de bouillon de légumes

1. Préchauffez votre four à 180 °C (th. 6). Dans un plat allant au four, mélangez les cubes de courge, d'aubergine et de halloumi avec l'huile d'olive, la moitié de la menthe, et une bonne pincée de sel et de poivre noir. Enfournez ensuite pour 45 min.

2. Versez le boulgour dans le plat, et mélangez-le bien aux légumes et à l'huile. Versez le bouillon, et remuez bien, afin que le boulgour soit bien immergé. Recouvrez avec de l'aluminium, et enfournez à nouveau, pour 15 min.

3. Laissez reposer, à couvert, pendant encore 5 min, puis servez chaud ou froid, parsemé du reste de menthe avant de déguster.

ÉPEAUTRE AU CHORIZO ET AUX PATATES DOUCES

Voici un plat bien consistant, qui sent bon l'automne. S'il vous en reste pour le lendemain, vous allez vous régaler pour la pause déjeuner ! Si vous trouvez plus facilement de l'orge perlé, utilisez-en à la place de l'épeautre.

Pour 4 personnes
Préparation : 10 à 15 min
Cuisson : 1 h

150 g d'épeautre ou d'orge perlé, rincé
35 cl de bouillon de volaille
2 grosses patates douces, pelées et coupées en morceaux de 2,5 cm
1 oignon rouge, pelé et coupé en quartiers
5 gousses d'ail, avec la peau
250 g de chorizo, coupé en rondelles de 2 cm
1 c. à s. d'huile d'olive
300 g d'épinards, grossièrement coupés
Le jus de 1 citron
Sel de mer et poivre noir

1. Préchauffez votre four à 160 °C (th. 5-6). Dans un plat allant au four, mélangez l'épeautre ou l'orge perlé, le bouillon de volaille, les morceaux de patate douce, l'oignon et l'ail. Frottez les rondelles de chorizo avec l'huile d'olive et répartissez-les sur la préparation à l'orge.

2. Couvrez bien le plat avec de l'aluminium, et enfournez pour 1 h.

3. Retirez ensuite la feuille d'aluminium et incorporez les épinards. Rectifiez l'assaisonnement avec le jus de citron, le sel et le poivre noir fraîchement moulu, et servez chaud.

FRUITS AU FOUR

RAPIDITÉ ET SIMPLICITÉ SONT LES MAÎTRES MOTS DE CES DÉLICIEUX DESSERTS : DES FRUITS DE SAISON, QUELQUES ARÔMES, ET LE TOUR EST JOUÉ.

7 FRUITS AU FOUR : QUELS INGRÉDIENTS ?

LES FRUITS

ANANAS

PRUNES

RHUBARBE

POMME

ABRICOT

NECTARINE

FIGUE

PÊCHE

MÛRE

LES SAVEURS

ROMARIN

CANNELLE

LAVANDE

THYM

CARDAMOME

PIMENT ROUGE

GINGEMBRE

ET PLUS ENCORE...

TARTES AUX FRUITS

ROULEAU DE PÂTE FEUILLETÉE

FAÇON PAIN PERDU

BRIOCHE

PAIN AU CHOCOLAT

CROISSANT

COBBLERS*

PÂTE À SCONE

GARNITURE DE CRUMBLE

CRUMBLE MAISON

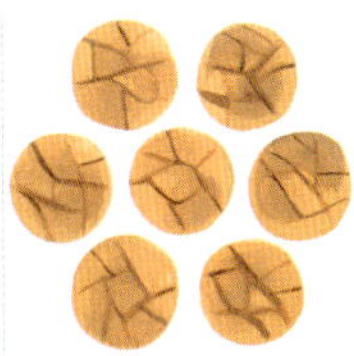

BISCUITS AMARETTI

*Dessert typique de la cuisine traditionnelle anglo-saxonne, c'est un peu le cousin du crumble. À tester absolument !

LA CUISSON DES FRUITS

FRUITS	TEMPÉRATURE	TEMPS DE CUISSON CONSEILLÉ
NECTARINES (dénoyautées, coupées en 2)	160 °C (CT)/180 °C/TH. 5-6	25-30 MIN
ABRICOTS (dénoyautés, coupés en 2)	160 °C (CT)/180 °C/TH. 5-6	25-30 MIN
PRUNES (dénoyautées, coupées en 2)	160 °C (CT)/180 °C/TH. 5-6	25-30 MIN
PÊCHES (dénoyautées, coupées en 2)	160 °C (CT)/180 °C/TH. 5-6	25-30 MIN
FIGUES (coupées en 2)	160 °C (CT)/180 °C/TH. 5-6	20 MIN
FRAMBOISES	160 °C (CT)/180 °C/TH. 5-6	20 MIN
MÛRES	160 °C (CT)/180 °C/TH. 5-6	20 MIN
POMMES (entières, évidées)	150 °C (CT)/170 °C/TH. 5	40-45 MIN
POIRES (coupées en 2, recouvertes de vin)	150 °C (CT)/170 °C/TH. 5	40 MIN
RHUBARBE (à couvert, avec un peu de sucre)	160 °C (CT)/180 °C/TH. 5-6	45 MIN
ANANAS (coupé en 8 morceaux)	160 °C (CT)/180 °C/TH. 5-6	1 H

Conseil : Si vos fruits ne sont pas assez mûrs, le passage au four sera bien utile, mais le temps de cuisson sera plus long que pour des fruits parfaitement mûrs. Laissez-les au four un peu plus longtemps, et appuyez doucement dessus avec une fourchette toutes les 5 ou 10 min pour vérifier leur cuisson.

Dans ce tableau, les températures sont indiquées pour un four à chaleur tournante (CT) et pour un four traditionnel. Toutefois, les températures précisées dans les recettes correspondent uniquement à un four à chaleur tournante.

NECTARINES EN CRUMBLE D'AMARETTI

Ce dessert italien simple et élégant, suggéré par la non moins élégante directrice artistique de ce livre, Pene, est encore meilleur avec des nectarines parfaitement mûres. Pour les plus gourmands, saupoudrez les nectarines d'un peu de sucre avant de les remplir de biscuits amaretti.

Pour 4 personnes
Préparation : 10 min
Cuisson : 20 à 25 min

500 g de nectarines, dénoyautées et coupées en 2
1 c. à c. de sucre roux (facultatif)
80 g de biscuits amaretti moelleux, émiettés
4 ou 5 c. à s. de mascarpone, en accompagnement

1. Préchauffez votre four à 160 °C (th. 5-6). Déposez les moitiés de nectarines dans un plat allant au four, face coupée vers le haut. Saupoudrez (si vous le souhaitez) de sucre roux, puis remplissez chaque cavité avec les biscuits amaretti émiettés.

2. Enfournez pour 20 à 25 min, jusqu'à ce que les nectarines soient tendres et le dessus des biscuits amaretti croquant.

3. Servez immédiatement, accompagné de mascarpone.

FIGUES ET FRAMBOISES AU MIEL ET À L'EAU DE ROSE

Le plus simple des desserts est parfois le meilleur. Ces figues au parfum de rose se dégustent au petit déjeuner ou au dessert, et leur goût vous rappellera sûrement celui des loukoums.

Pour 4 personnes
Préparation : 5 min
Cuisson : 20 min

8 figues fraîches, coupées en 2
150 g de framboises
1 c. à c. d'eau de rose
40 g de miel
4 c. à s. de yaourt à la grecque ou de crème fraîche, en accompagnement

1. Préchauffez votre four à 160 °C (th. 5-6).
2. Déposez les figues et les framboises dans un plat allant au four, et mélangez à part l'eau de rose et le miel. Versez cette préparation sur les fruits, puis enfournez pour 20 min.
3. Servez les fruits chauds, accompagnés du yaourt ou de la crème fraîche.

POMMES FARCIES AUX DATTES ET AUX NOIX

Je ne suis pas très rassurée quand j'utilise un vide-pomme, mais si vous êtes sûr de vous (je prends sur moi quand j'ai envie d'une petite douceur d'automne), je vous suggère cette recette de pommes farcies aux dattes et aux noix, parfumées à la cannelle. Accompagnez-les de glace ou de mascarpone légèrement sucré.

Pour 5 personnes
Préparation : 10 min
Cuisson : 40 à 45 min

5 petites pommes
25 g de beurre, ramolli
½ c. à c. de cannelle
2 c. à s. de sucre roux
80 g de dattes, finement hachées
40 g de cerneaux de noix, finement hachés
1 c. à c. de feuilles de thym frais
Quelques brins entiers de thym frais
4 ou 5 c. à s. de mascarpone ou de la glace de votre choix, en accompagnement

1. Préchauffez votre four à 150 °C (th. 5). Évidez les pommes avec beaucoup de précaution, et déposez-les dans un plat allant au four, en les serrant bien. Écrasez ensemble le beurre, la cannelle et le sucre roux, puis mélangez-les bien aux dattes et aux noix hachées, ainsi qu'aux feuilles de thym.

2. Remplissez chaque pomme avec cette préparation, et posez quelques brins de thym sur le dessus. Enfournez ensuite pour 40 à 45 min, jusqu'à ce que les pommes soient tendres.

3. Servez chaud, avec de la glace ou du mascarpone.

ABRICOTS À LA LAVANDE ET CRÈME FRAÎCHE À L'EAU DE ROSE

C'est mon amie Christine qui m'a appris à cuisiner la lavande. Le résultat est délicieux, en témoignent ses fameux scones à la lavande. Dans la recette que je vous livre ici, l'association avec les fruits fonctionne à merveille. Et n'oubliez pas que dans toutes les recettes simples, la qualité de vos produits est essentielle, alors utilisez les meilleurs abricots (et les plus mûrs) que vous trouverez !

Pour 2 à 4 personnes
Préparation : 10 min
Cuisson : 25 à 35 min

8 abricots, dénoyautés et coupés en 2
4 c. à s. de sucre roux
16 brins de lavande fraîche
150 g de crème fraîche
½ c. à c. d'eau de rose
1 c. à s. de sucre glace

1. Préchauffez votre four à 160 °C (th. 5-6).

2. Placez les abricots (face coupée vers le haut) dans un plat allant au four, et couvrez généreusement de sucre. Déposez un brin de lavande sur chaque moitié de fruit, puis enfournez pour 25 min si les abricots sont plutôt mûrs, et 35 min s'ils sont encore un peu fermes.

3. Pendant ce temps, mélangez la crème fraîche, l'eau de rose et le sucre glace. Goûtez et ajoutez un peu d'eau de rose si nécessaire.

4. Servez les abricots chauds, avec la crème fraîche aromatisée à l'eau de rose.

POIRES POCHÉES AUX ÉPICES, ET CRÈME FRAÎCHE AMANDES-CHOCOLAT

S'il y a bien un dessert à préparer dans ce livre, c'est celui-ci. Le chocolat, dans la crème fraîche aux amandes, fond au contact des poires chaudes, tendres et gorgées de sirop... les mots me manquent. Goûtez par vous-même.

Pour 4 personnes
Préparation : 10 min
Cuisson : 40 min

4 poires Williams, coupées en 2
1 bâton de cannelle
1 étoile de badiane
8 gousses de cardamome, légèrement écrasées
40 cl de muscat ou de vin blanc doux de votre choix
2 c. à s. de miel
75 g d'amandes pilées
250 g de crème fraîche
40 g de chocolat noir (à 70 % de cacao au moins), finement râpé
1 c. à s. de sucre glace

1. Préchauffez votre four à 150 °C (th. 5). Déposez les moitiés de poires, la cannelle, l'étoile de badiane, les gousses de cardamome et le vin dans un plat allant au four, puis recouvrez d'aluminium.

2. Enfournez pour 20 min, puis retirez l'aluminium et retournez les poires. Arrosez de miel, et enfournez à nouveau, pour 20 min, à découvert.

3. Pendant ce temps, mélangez les amandes pilées, la crème fraîche, le chocolat râpé et le sucre glace, puis réservez.

4. Servez vos poires sans attendre, avec le vin ayant servi à pocher et la crème fraîche aux amandes et au chocolat (voir p. 164).

ANANAS AU SIROP DE PIMENT

Certes, l'ananas est un fruit qui demande un minimum de préparation, mais armez-vous d'un peu de courage car ce délicieux dessert en vaut la peine ! Assez chic pour être proposé à vos invités, il est aussi rapide à cuisiner juste pour vous. Servez-le accompagné de glace à la vanille de bonne qualité.

Pour 4 personnes
Préparation : 10 min
Cuisson : 1 h

1 gros ananas frais
125 g de sucre en poudre
1 piment rouge, finement émincé

1. Préchauffez votre four à 160 °C (th. 5-6). En conservant les feuilles, coupez la base de l'ananas, puis découpez le fruit en 8 morceaux, avant de retirer le cœur sur chacun d'eux.

2. Déposez les morceaux d'ananas dans un plat allant au four, puis enfournez pour 1 h.

3. Pendant ce temps, versez le sucre dans une petite casserole, et ajoutez suffisamment d'eau froide pour le recouvrir. Sur feu doux, remuez sans arrêt jusqu'à dissolution du sucre, puis arrêtez de mélanger et augmentez le feu. Laissez le sirop bouillonner 2 à 3 min sans remuer, puis incorporez le piment émincé.

4. 15 min avant que l'ananas soit prêt, arrosez celui-ci de la moitié du sirop pimenté pour le caraméliser un peu.

5. Une fois la cuisson terminée, servez l'ananas chaud arrosé du reste du sirop, et accompagné de glace à la vanille.

FRUITS ET AUTRES GOURMANDISES

AVEC DE LA PÂTE À TARTE OU À SCONE, DÉCLINEZ À L'INFINI LES TARTES ET AUTRES DOUCEURS AUX FRUITS. LES CROISSANTS, BRIOCHES ET CRÈMES ANGLAISES SONT AUSSI DE LA PARTIE, POUR DES DESSERTS FAÇON PAIN PERDU ET TOUT AUSSI FRUITÉS.

TARTES AUX DATTES ET À LA NOIX DE COCO

Quelque chose dans les dattes Medjool me rappelle le fruit onctueux et semblable à un caramel qui pousse à Narnia dans *Le Neveu du magicien*. Elles sont onctueuses, belles à regarder et agréables à toucher. Si vous êtes assez fort pour ne pas les manger à même la boîte, alors essayez cette recette !

Pour 6 personnes
Préparation : 10 min
Cuisson : 25 à 30 min

50 g de beurre
2 feuilles de laurier
300 g de dattes Medjool, dénoyautées et coupées en 2
1 c. à s. de mélasse noire
4 c. à s. d'eau
1 rouleau de pâte feuilletée de 320 g
30 g de copeaux de noix de coco
Glace vanille (facultatif)

Astuce : Réalisez des mini-roulés avec le restant de pâte avec de la confiture ou de la pâte à tartiner. Pour une version salée, étalez le fromage de votre choix ou encore avec du pesto. Puis, roulez la pâte sur elle-même, coupez des rondelles de 1 cm et disposez-les sur un plateau de cuisson. Enfournez pour 25 min, à 180 °C. Pour l'apéro, servez avec du prosecco, et hop !

1. Préchauffez votre four à 180 °C (th. 6). Faites chauffer le beurre dans une casserole et ajoutez les feuilles de laurier. Laissez cuire 1 min sur feu doux jusqu'à ce que l'arôme se dégage, puis ajoutez les dattes, la mélasse et l'eau.

2. Remuez sans arrêt 2 ou 3 min, jusqu'à ce que les dattes se soient transformées en pâte lisse et homogène. Versez la préparation dans un saladier et laissez refroidir 5 min.

3. Déroulez la pâte feuilletée et déposez-la dans un plat allant au four chemisé de papier cuisson. Étalez le mélange aux dattes sur la pâte, en laissant une bordure de 2 cm. Découpez l'excédent de pâte, et conservez-la pour préparer des mini-roulés (voir astuce !).

4. Parsemez de noix de coco, puis enfournez pour 25 à 30 min, jusqu'à ce que la pâte soit dorée. Servez chaud, accompagné de glace à la vanille.

TARTE FEUILLETÉE AUX PRUNES ET AU ROMARIN

Rien à dire, la prune et le romarin donnent une jolie association de saveurs. Ajoutez-y du sucre roux et un peu de cannelle, et vous obtiendrez une tarte aux fruits caramélisés, au goût un peu fumé, une des plus belles réussites de ce livre. Utilisez bien du sucre roux, et non du sucre en poudre, pour apprécier à la fin cette saveur intense et sirupeuse, complètement addictive.

Pour 4 personnes (portions généreuses) ou 6 personnes (après un bon repas)
Préparation : 10 min
Cuisson : 25 à 30 min

1 rouleau de pâte feuilletée de 320 g
400 g de prunes, coupées en 2 et dénoyautées
75 g de sucre roux
1 brin de romarin frais (seulement les feuilles, finement coupées)
1 c. à c. de cannelle
2 ou 3 brins entiers de romarin frais
Glace vanille (facultatif)

1. Préchauffez votre four à 200 °C (th. 6-7). Déroulez la pâte feuilletée dans un plat allant au four chemisé de papier sulfurisé. Disposez les prunes sur la pâte, face coupée vers le haut, en laissant une bordure de 2 cm. (Découpez l'excédent de pâte, et conservez-la pour préparer des mini-roulés - voir astuce ci-contre).

2. Mélangez le sucre roux, les feuilles de romarin coupées et la cannelle, puis éparpillez généreusement la préparation sur toutes les prunes. Effeuillez le romarin et parsemez-le sur la tarte, puis pincez la pâte sur les côtés pour façonner une bordure.

3. Enfournez pour 25 à 30 min, jusqu'à ce que la pâte soit dorée, et servez la tarte chaude, accompagnée de glace à la vanille.

TARTE AUX FIGUES ET À LA FRANGIPANE

Des figues et une frangipane riche en amandes, voilà une alliance qui marche à la perfection. Et pas d'inquiétude si ce n'est pas la saison des figues. Inspirez-vous des suggestions aux pages 166-167 et concoctez votre propre recette, avec des framboises, ou des abricots et des poires coupés en 2. Ou alors faites-le à l'anglaise, à l'image de la *Bakewell tart*, avec une couche de confiture de framboises et des amandes effilées.

Pour 6 personnes
Préparation : 10 min
Cuisson : 30 min

75 g de beurre
75 g de sucre en poudre
100 g d'amandes pilées
50 g de farine
2 œufs
1 rouleau de pâte feuilletée de 320 g
5 figues fraîches, coupées en quartiers

1. Préchauffez votre four à 180 °C (th. 6). Si vous n'avez pas de robot mixeur, battez le beurre et le sucre, jusqu'à obtention d'une consistance légère et aérée, puis incorporez les amandes pilées et la farine. Si vous avez un robot, mettez tous ces ingrédients dans le bol de l'appareil et mixez. Ajoutez les œufs un à un, en battant ou mixant bien après chaque œuf, jusqu'à ce que la préparation soit complètement lisse et homogène.

2. Déroulez la pâte feuilletée dans un plat allant au four chemisé de papier cuisson. Étalez la préparation à la frangipane sur toute la pâte, en laissant une bordure de 2 cm. Pincez la pâte sur les côtés pour façonner une bordure. Déposez ensuite les quartiers de figues, puis enfournez.

3. Faites cuire au four 30 min, jusqu'à ce que le dessus soit gonflé et doré de manière uniforme (le gonflement peut être assez impressionnant, mais il se tasse en refroidissant). Servez tiède.

PÊCHES ET SCONES

Cette gourmandise s'inspire fortement du cobbler, un dessert américain un peu voisin du crumble. Généreuse en fruits et en goût, elle est surmontée de petits scones extrêmement agréables pour les papilles. Ce dessert fera un excellent petit déjeuner si vous ne dégustez pas tout le jour même !

Pour 6 personnes
Préparation : 15 min
Cuisson : 30 à 40 min

1 kg de pêches, dénoyautées et coupées en quartiers
500 g de myrtilles ou de mûres
1 c. à c. d'eau de fleur d'oranger (ou 1 c. à s. de jus d'orange)
200 g de farine avec levure incorporée
50 g d'amandes pilées
½ c. à c. de crème de tartre
¼ de c. à c. de bicarbonate de soude
50 g de sucre en poudre
Le zeste de 1 orange
40 g de beurre, coupé en petits cubes
12 cl de lait
1 c. à s. de sucre en poudre
Crème fraîche épaisse, en accompagnement

Astuce : Ce dessert manque un peu de raffinement ? Avec un pinceau, dorez votre pâte à l'œuf battu, avant de la saupoudrer de sucre.

1. Préchauffez votre four à 160 °C (th. 5-6). Mélangez les pêches, les myrtilles (ou les mûres) et l'eau de fleur d'oranger (ou le jus d'orange) dans un plat allant au four, et réservez.

2. Mélangez la farine, les amandes pilées, la crème de tartre, le bicarbonate, le sucre en poudre et le zeste d'orange dans un grand saladier, puis ajoutez le beurre en cubes. Travaillez le beurre dans la farine avec les doigts, jusqu'à obtenir une consistance de sable fin. Ensuite, creusez un puits au centre, et versez-y le lait. Mélangez avec une fourchette, puis avec vos mains, jusqu'à obtenir une pâte ferme mais très légèrement collante.

3. Détachez des morceaux de pâte de la taille de noix, et aplatissez-les en petits disques que vous disposerez sur les pêches et les myrtilles. Saupoudrez la cuillerée à soupe de sucre sur les scones et les fruits, puis enfournez pour 30 à 40 min (si vos pêches ne sont pas complètement mûres, la cuisson prendra un peu plus de temps). Servez chaud, avec de la crème fraîche épaisse.

CRUMBLE À LA RHUBARBE ET AU GINGEMBRE

L'association rhubarbe et gingembre est délicieuse, à condition de savoir doser le gingembre. Dans ma recette, j'en utilise du frais avec la rhubarbe en morceaux, et en poudre dans la garniture de crumble. Si vous êtes aussi gourmand que moi, vous risquez de vous brûler la langue en tentant de goûter ce crumble dès sa sortie du four ! Mais soyez patient, les 5 petites minutes d'attente valent la peine.

Pour 6 à 8 personnes
Préparation : 15 min
Cuisson : 45 min

800 g de rhubarbe, grossièrement coupée
1 morceau de gingembre frais de 5 cm, râpé
Le zeste et le jus de 1 orange
150 g de sucre en poudre
50 g de flocons d'avoine
50 g de beurre
50 g de farine
50 g de sucre roux
1 c. à c. de gingembre en poudre
Crème anglaise ou glace de votre choix (facultatif)

1. Préchauffez votre four à 180 °C (th. 6). Mélangez la rhubarbe, le gingembre râpé, le zeste et le jus d'orange, et le sucre en poudre dans un plat allant au four. Recouvrez d'aluminium et enfournez pour 15 min.

2. Pendant ce temps, travaillez ensemble les flocons d'avoine, le beurre, la farine, le sucre roux et le gingembre en poudre, jusqu'à ce qu'ils soient grossièrement amalgamés.

3. Retirez la feuille d'aluminium du plat de rhubarbe, et remuez bien le tout, puis répartissez le crumble par-dessus. Enfournez à nouveau, pour 30 min, jusqu'à ce que le dessus soit doré et croustillant.

4. Servez chaud, avec de la crème anglaise ou de la glace, ou tel quel. Dans tous les cas, c'est un régal !

PYREX

BRIOCHE PERDUE AUX POMMES ET AU CHOCOLAT

Si Marie-Antoinette avait écrit un guide culinaire, elle aurait sûrement dit que cette recette, inspirée de celle de mon amie Sophia, est une merveilleuse façon d'utiliser des restes de brioche. Et je préfère vous avertir : quand vous commencerez à mélanger le beurre fondu, le sucre et les pommes, l'odeur du péché de la gourmandise envahira immédiatement votre cuisine...

Pour 6 à 8 personnes
Préparation : 10 min
Cuisson : 30 à 35 min

280 g de mini-brioches ou pains au lait
100 g de chocolat noir, grossièrement concassé (ou utilisez des brioches aux pépites de chocolat)
450 g de pommes (3 ou 4 grosses pommes), pelées, évidées et coupées en morceaux
40 g de beurre
100 g de sucre en poudre
40 cl de crème fraîche liquide
3 jaunes d'œufs

1. Préchauffez votre four à 180 °C (th. 6). Déchirez les brioches en morceaux, et déposez ceux-ci dans un plat allant au four, avec le chocolat concassé.

2. Mettez les morceaux de pommes, le beurre et le sucre dans une grande casserole, et faites chauffer 5 min sur feu moyen, en remuant sans arrêt pour bien enrober les pommes de beurre fondu et de sucre.

3. Versez la crème liquide et poursuivez la cuisson 1 min. Puis retirez les pommes avec une écumoire et déposez-les dans le plat avec la brioche et le chocolat.

4. Dans un petit saladier, fouettez les jaunes d'œufs, puis versez-les sur la crème chaude, tout en continuant à battre au fouet, jusqu'à obtention d'un mélange homogène. Versez la préparation sur la brioche et les pommes, et tassez bien le tout.

5. Enfournez ensuite pour 25 à 30 min, jusqu'à ce que ce soit doré et croustillant. Servez immédiatement.

RIZ THAÏ À LA MANGUE ET À LA NOIX DE COCO

Ce plat s'inspire de la recette de riz gluant à la mangue et au lait de coco, un classique de la cuisine thaïlandaise. Avec un peu de gingembre frais pour un petit coup de fouet, et de sucre si vous le souhaitez, ce délicieux dessert vous demandera peu d'efforts.

Pour 4 personnes
Préparation : 5 min
Cuisson : 50 min

180 g de riz thaï jasmin
80 cl de lait de coco
1 morceau de gingembre frais de 5 cm, râpé
2 bonnes c. à s. de sucre de canne
2 mangues mûres, finement coupées
Miel (facultatif)

1. Préchauffez votre four à 180 °C (th. 6). Versez le riz, le lait de coco, le gingembre et le sucre dans un petit plat allant au four ou une cocotte, et mélangez bien. Recouvrez d'aluminium et enfournez pour 50 min.

2. Retirez du four et mélangez bien. Laissez reposer 10 min, recouvert de la feuille d'aluminium, et pendant ce temps, coupez la mangue en tranches.

3. Ajoutez du sucre ou du miel au riz, à votre convenance, puis déposez les tranches de mangue par-dessus, et servez immédiatement.

CAKES ET COMPAGNIE

UN SEUL PLAT, ET UNE MULTITUDE DE POSSIBILITÉS. VOICI QUELQUES RECETTES DE CAKES ET D'ENCAS EN TOUTE SIMPLICITÉ.

8 CAKES ET COMPAGNIE : QUELS INGRÉDIENTS ?

LES INGRÉDIENTS DE BASE

LES FRUITS

*Les flapjacks sont des petits gâteaux traditionnels anglais, qui ressemblent à des barres énergétiques. Parfaits avec le thé pour le goûter ou le petit déjeuner !

LA TEXTURE

PISTACHES

NOISETTES

AMANDES

CHOCOLAT

GRAINES

LES SAVEURS

VANILLE

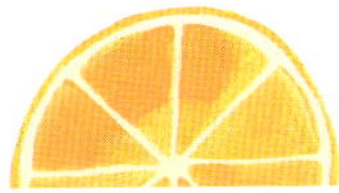

ZESTE DE CITRON

CANNELLE

LAVANDE

CARDAMOME

CAFÉ

ZESTE D'ORANGE

LA GÉNOISE DE BASE

Voici la recette de gâteau la plus simple - voire la plus inratable - que je connaisse. Pour les ingrédients, c'est facile, prévoyez la même quantité de beurre, de sucre et de farine, et ajoutez-y 2 œufs. Et à la fin, vous obtiendrez une génoise légère, aérée, et à la texture parfaite !

Pour 6 à 8 personnes
Préparation : 15 min
Cuisson : 30 min

115 g de beurre
115 g de sucre en poudre
½ c. à c. de pâte ou d'extrait de vanille
2 œufs
115 g de farine avec levure incorporée
½ c. à c. de levure chimique
Sucre glace ou glaçage de votre choix (voir pages suivantes)

Conseil : Munissez-vous d'un moule rectangulaire de 18 x 24 cm (un moule carré ou rond convient aussi, pourvu que la surface du moule soit la même).

1. Préchauffez votre four à 160 °C (th. 5-6). Beurrez légèrement votre moule à gâteaux, puis chemisez-le de papier sulfurisé.

2. Battez ensemble le beurre, le sucre en poudre et la pâte de vanille, jusqu'à obtention d'une consistance légère et aérée. Ajoutez ensuite les œufs un à un, sans cesser de battre. Incorporez la farine et la levure.

3. Étalez soigneusement la préparation dans le plat, puis enfournez 30 min (ou vérifiez la cuisson en enfonçant la pointe d'un couteau : elle doit ressortir propre). Démoulez, transférez sur une grille et laissez refroidir complètement.

4. Une fois la génoise refroidie, saupoudrez-la de sucre glace ou préparez un glaçage d'après l'une des recettes suivantes...

LES GLAÇAGES

CHOCOLAT ET PISTACHE

50 g de pistaches (celles d'Iran sont les meilleures, si vous en trouvez), grossièrement concassées
50 g de chocolat noir (à 70 % de cacao au moins)
50 g de chocolat au lait (à 35 % de cacao au moins)
100 g de crème fraîche, légère ou épaisse

Astuce : Ce glaçage est plutôt simple à réaliser, mais le chocolat, c'est parfois capricieux. Si votre glaçage commence à trancher, pas de panique. Ajoutez un peu de lait, laissez le tout s'imprégner sous l'effet de la chaleur, puis mélangez encore au fouet la ganache, jusqu'à obtenir une consistance lisse.

1. Dans une poêle sans matière grasse et sur feu moyen, faites griller les pistaches 4 à 5 min, en remuant régulièrement la poêle, jusqu'à ce qu'elles libèrent un agréable parfum grillé. Laissez-les refroidir ensuite dans une assiette.

2. Concassez le chocolat et déposez-le dans un bol résistant à la chaleur, placé au-dessus d'une casserole d'eau bouillante (attention, l'eau ne doit pas être en contact avec la base du bol). Remuez jusqu'à ce que le chocolat soit fondu.

3. Retirez le bol du feu et incorporez la crème fraîche, en remuant jusqu'à obtenir un joli mélange homogène.

4. Étalez sans attendre la ganache de chocolat sur la génoise refroidie. Parsemez de pistaches, et laissez le glaçage prendre un peu avant de découper le gâteau.

CONFITURE ET COCO

40 g de copeaux de noix de coco, ou de noix de coco râpée
4 ou 5 bonnes c. à s. de confiture de framboises

1. Dans une poêle sans matière grasse et sur feu moyen, faites griller vos copeaux de noix de coco 3 à 4 min, en remuant régulièrement la poêle, jusqu'à ce qu'ils soient tout juste dorés sur les bords. Laissez-les refroidir ensuite dans une assiette.

2. Dans une petite casserole et sur feu moyen, faites chauffer la confiture 3 à 4 min, en remuant sans arrêt jusqu'à ce qu'elle soit fondue. Si vous voulez vous débarrasser des pépins, passez la confiture fondue au tamis. Étalez la confiture sur toute la génoise. Saupoudrez de noix de coco grillée, et laissez la confiture refroidir environ 10 min, avant de découper le gâteau et de servir.

MYRTILLE ET CRÈME AU BEURRE

100 g de beurre, ramolli
200 g de sucre glace
250 g de myrtilles

1. Si vous possédez un robot mixeur, déposez le beurre ramolli dans le bol de l'appareil et mixez jusqu'à obtention d'une consistance légère et aérée. Ajoutez le sucre glace et mixez à nouveau, jusqu'à obtention d'une texture lisse.

2. Si vous ne possédez pas de robot mixeur, mélangez au fouet le beurre ramolli, jusqu'à obtention d'une consistance légère et aérée. Puis incorporez au fouet le sucre glace, jusqu'à obtenir un mélange lisse et homogène.

3. Étalez le glaçage sur toute la génoise (plus le glaçage sera proche de la température ambiante, plus il sera facile à étaler), et parsemez de myrtilles avant de découper le gâteau.

CAKE CHOCOLAT, NOIX DE COCO ET FRAMBOISES

Ce gâteau est l'un de mes préférés, et je le dois à mon ancienne professeure de cuisine Madame Bland qui, elle, utilisait des cerises confites à la place des framboises, il y a plus de vingt ans. Préparez ce gâteau une fois, et je vous promets qu'il vous accompagnera pour les vingt prochaines années.

Pour 6 à 8 personnes
Préparation : 15 min
Cuisson : 25 à 30 min

115 g de sucre
115 g de beurre, ramolli
2 œufs
30 g de farine avec levure incorporée
115 g de noix de coco râpée
100 g de pépites de chocolat
100 g de framboises fraîches
50 g de chocolat blanc

Conseil : Munissez-vous d'un moule rectangulaire peu profond de 18 x 24 cm, beurré et chemisé de papier sulfurisé.

1. Préchauffez votre four à 160 °C (th. 5-6). Battez le sucre et le beurre jusqu'à ce que le mélange soit léger et mousseux, puis incorporez au fouet les œufs, un par un. Incorporez ensuite le reste des ingrédients. Versez la préparation dans le moule et étalez uniformément.

2. Enfournez pour 25 à 30 min, jusqu'à ce que ce soit doré et bien cuit (la pointe d'un couteau doit en ressortir sèche).

3. Laissez le cake refroidir 5 min dans le moule, puis démoulez-le sur une grille pour qu'il refroidisse complètement.

4. Une fois le cake refroidi, brisez en morceaux le chocolat blanc et faites-le fondre au four à micro-ondes, par tranches de 10 s, en mélangeant à chaque fois, jusqu'à consistance lisse.

5. Versez le chocolat fondu en filet sur le cake (vous aurez sûrement besoin d'une poche à douille). Laissez le glaçage prendre, puis découpez le gâteau en carrés et servez.

CAKE AUX AMANDES ET AUX FRAISES

Cette recette ressemble beaucoup à celle de la génoise de base, sauf qu'ici on remplace la moitié de la farine par de la poudre d'amandes. Celle-ci peut très bien être remplacée par de la poudre de noisettes ou de pistaches (particulièrement bonne avec un glaçage au chocolat). Et vous pouvez utiliser des framboises à la place des fraises. Cette recette est personnalisable selon les envies !

Pour 6 personnes
Préparation : 15 min
Cuisson : 25 à 30 min

115 g de beurre, ramolli
115 g de sucre en poudre
2 œufs
60 g de poudre d'amandes
60 g de farine avec levure incorporée
100 g de fraises, coupées en morceaux
2 ou 3 c. à s. de sucre glace (pour servir)

Conseil : Munissez-vous d'un moule rectangulaire de 18 x 24 cm, beurré et chemisé de papier sulfurisé.

1. Préchauffez votre four à 160 °C (th. 5-6). Battez le sucre et le beurre jusqu'à obtenir une consistance légère et mousseuse, puis incorporez au fouet les œufs, un par un. Incorporez la poudre d'amandes et la farine, et versez le mélange dans le moule.

2. Déposez les morceaux de fraises par-dessus, puis enfournez pour 25 à 30 min, jusqu'à ce que le cake soit doré et bien cuit.

3. Laissez refroidir 5 min dans le moule, puis démoulez sur une grille pour qu'il refroidisse complètement. Saupoudrez de sucre glace avant de servir.

PUDDINGS VAPEUR AU CHOCOLAT ET À LA CARDAMOME

Ces petits puddings fondants au chocolat s'éloignent un peu de la recette classique anglaise. Riches et intenses en goût, ils régaleront vos invités après le dîner. Et si vous ne connaissez pas encore l'association chocolat et cardamome, essayez sans plus attendre !

Pour 6 personnes
Préparation : 15 min
Cuisson : 25 min

115 g de beurre, ramolli
115 g de sucre roux
60 g de chocolat noir (à 70 % de cacao au moins)
10 cl de café fort
8 gousses de cardamome (les graines uniquement)
2 œufs
70 g de farine
30 g de cacao en poudre + 1 c. à c. pour accompagner
Une pincée de sel
6 c. à s. de crème fraîche

Conseil : Munissez-vous de 6 moules à dariole ou ramequins, beurrés.

1. Préchauffez votre four à 160 °C (th. 5-6). Mettez le beurre, le sucre, le chocolat, le café et les graines de cardamome dans une casserole et faites chauffer 3 ou 4 min, en remuant sans arrêt, jusqu'à ce que le tout ait complètement fondu. Laissez refroidir 5 min.

2. Battez les œufs, un par un, puis incorporez la farine et le cacao en poudre. Remuez brièvement jusqu'à consistance lisse. Répartissez équitablement l'appareil dans les 6 moules à dariole.

3. Déposez les moules dans un plat allant au four, et versez de l'eau bouillante jusqu'au tiers des moules.

4. Recouvrez bien d'aluminium, puis enfournez avec précaution, pour 25 min.

5. Laissez refroidir 2 ou 3 min hors du plat, puis démoulez délicatement à l'aide d'un couteau, en passant la lame à l'intérieur des parois (et en veillant à aller jusqu'au fond). Recouvrez d'une bonne cuillerée de crème fraîche et d'un peu de cacao.

PUDDING VAPEUR AUX PÉPITES DE CHOCOLAT ET À L'ORANGE

Bonne nouvelle : la recette traditionnelle du pudding anglais (avec de la confiture, du gingembre et du chocolat) se décline à l'infini ! La variante qui suit a ma préférence, c'est le pudding que ma mère préparait, en format familial. À l'époque, les indices de ce délice en préparation étaient une grosse orange dans un saladier et un paquet de pépites de chocolat dans le placard... Je me réjouissais d'avance à l'idée de déguster ce pudding, et je n'étais jamais déçue !

Pour 6 personnes
Préparation : 15 min
Cuisson : 40 min

2 oranges
115 g de beurre
115 g de sucre en poudre
½ c. à c. de pâte ou d'extrait de vanille
115 g de farine avec levure incorporée
½ c. à c. de levure chimique
100 g de pépites de chocolat noir

Conseil : Munissez-vous de 6 moules à dariole ou ramequins, beurrés.

1. Préchauffez votre four à 160 C (th. 5-6). Coupez une des oranges en 6 rondelles, et placez une rondelle au fond de chaque ramequin. Prélevez le zeste et le jus de l'autre orange.

2. Mélangez le beurre, le sucre et la pâte de vanille avec le zeste d'orange, jusqu'à obtenir une consistance légère et aérée, puis ajoutez les œufs un par un, en battant jusqu'à ce que le tout soit homogène.

3. Incorporez la farine et la levure chimique, puis incorporez 1 c. à s. de jus de clémentines et les pépites de chocolat. Répartissez équitablement l'appareil dans les ramequins.

4. Déposez les ramequins dans un plat à rôtir, et versez de l'eau bouillante jusqu'au tiers de leur hauteur.

5. Recouvrez bien d'aluminium, puis enfournez avec précaution, pour 40 min.

6. Retirez les ramequins du plat, et déposez-les sur une assiette. Démoulez chaque pudding en passant délicatement la lame d'un couteau à l'intérieur des parois des ramequins (allez bien jusqu'au fond du ramequin, pour ne pas oublier la rondelle d'orange). Servez immédiatement.

GÂTEAU RENVERSÉ À L'ANANAS

Honnêtement, y a-t-il quelque chose de meilleur qu'un gâteau renversé à l'ananas ? J'en doute... Cela fait au moins quinze ans que je demande à ma chère maman de préparer ce gâteau pour mon anniversaire. Les cerises confites sont bien sûr indispensables.

Pour 6 à 8 personnes
Préparation : 15 min
Cuisson : 30 min

1 boîte d'ananas en tranches, env. 425 g
Une poignée de cerises confites, coupées en 2
115 g de beurre
115 g de sucre en poudre
½ c. à c. d'extrait de vanille
2 œufs
115 g de farine avec levure incorporée
½ c. à c. de levure chimique
1 c. à s. de jus d'ananas (de la conserve d'ananas)

Astuce : S'il vous reste un peu d'ananas, prolongez le plaisir et préparez de petites brochettes apéritives avec des morceaux de fruit et des cubes de fromage.

1. Préchauffez votre four à 160 °C (th. 5-6). Chemisez de papier sulfurisé un moule à gâteau beurré, et beurrez ensuite le papier sulfurisé. Disposez à votre convenance les rondelles d'ananas et les cerises confites sur le papier, et réservez.

2. Battez ensemble le beurre, le sucre en poudre et l'extrait de vanille jusqu'à obtention d'une consistance légère et aérée, puis incorporez les œufs un par un, en continuant de battre. Incorporez ensuite la farine et la levure, puis le jus d'ananas.

3. Étalez délicatement la préparation par-dessus les rondelles d'ananas et les cerises confites, puis enfournez pour 30 min. Renversez sur une grille, puis démoulez.

4. Ôtez délicatement le papier sulfurisé et laissez refroidir complètement avant de découper.

INDISPENSABLES FLAPJACKS

Ces petites douceurs familiales vous demanderont juste une demi-heure de travail et peu d'efforts, d'ailleurs n'hésitez pas à faire participer les enfants ! Aussi loin que je me souvienne, je me revois petite fille, debout sur une chaise, en train de mélanger ma préparation sur le feu, avant de (hum !) la passer au four à micro-ondes dans un couvercle en Pyrex beurré.

Une fois la recette de base des flapjacks maîtrisée, n'hésitez pas à essayer les variantes, comme celle qui inclut du chocolat, de la framboise et des noisettes, à la page 224. Vous pouvez aussi ajouter des dattes, des amandes ou des abricots hachés, et remplacer le sirop d'érable par du miel. Mais commençons par la recette classique.

Pour 6 personnes
Préparation : 5 min
Cuisson : 35 à 40 min

150 g de sirop d'érable
150 g de beurre
135 g de sucre roux
300 g de flocons d'avoine
Une pincée de sel

Conseil : Ces flapjacks seront encore meilleurs si vous utilisez de petits flocons d'avoine à l'aspect un peu concassé plutôt que de gros flocons d'avoine transformés et raffinés. La proportion de farine d'avoine finement moulue dans les petits flocons donne une texture moins collante et plus de tenue aux flapjacks.

1. Préchauffez votre four à 150 °C (th. 5).

2. Mettez dans une grande casserole le sirop d'érable, le beurre et le sucre, et faites chauffer 2 à 3 min jusqu'à ce que le tout soit dissous.

3. Ajoutez les flocons d'avoine et une pincée de sel, et mélangez, pour bien enrober les flocons. Versez la préparation dans un moule chemisé de papier sulfurisé, et enfournez 30 à 35 min, jusqu'à ce que le dessus soit doré. Les flapjacks seront encore moelleux au toucher mais continueront encore à cuire pendant qu'ils refroidissent.

4. Pendant que vos flapjacks sont encore tièdes, tracez des carrés au couteau, sans trop insister. Une fois refroidis, découpez les carrés et conservez vos flapjacks dans un récipient hermétique.

FLAPJACKS AU CHOCOLAT, AUX FRAMBOISES ET AUX NOISETTES

Si vos encas ont souvent des airs de desserts, alors cette recette de flapjacks est faite pour vous. Et d'après des sources fiables - Danielle et Paal, mes testeurs de recettes - ils se dégustent aussi bien chauds que froids.

Pour 8 personnes
Préparation : 15 min
Cuisson : 40 à 45 min

150 g de sirop d'érable
150 g de beurre
135 g de sucre roux
300 g de flocons d'avoine
Une pincée de sel
100 g de chocolat noir, grossièrement concassé
50 g de noisettes, coupées en deux
160 g de framboises

Conseil : Munissez-vous d'un moule rectangulaire de 18 x 24 cm, beurré et chemisé de papier sulfurisé.

1. Préchauffez votre four à 150 °C (th. 5).
2. Mettez dans une grande casserole le sirop d'érable, le beurre et le sucre, et faites chauffer 2 à 3 min, en remuant sans arrêt, jusqu'à ce que le tout soit dissous.
3. Ajoutez les flocons d'avoine et une pincée de sel, et mélangez, pour bien enrober les flocons. Transférez la préparation dans un saladier et laissez refroidir 15 min, puis incorporez les pépites de chocolat et les noisettes.
4. Versez le mélange dans le moule, et marquez quelques creux à la fourchette, puis enfoncez-y les framboises. Enfournez pour 40 à 45 min, jusqu'à ce que le dessus soit doré.
5. Laissez refroidir dans le moule avant de découper en carrés.

FLAPJACKS POMMES, COCO, CANNELLE

Vous avez tous déjà connu cette sensation de faim mêlée d'impatience et de frustration, alors que vous étiez à l'extérieur, sans restaurant valable à proximité et sans rien à grignoter sur vous ? Cette époque est révolue ! Ces flapjacks faciles à préparer vous accompagneront du matin jusqu'au soir pour parer à ce genre de déconvenue.

Pour 8 personnes
Préparation : 15 min
Cuisson : 40 à 45 min

75 g de sirop d'érable
100 g de sucre roux
125 g de beurre
1 c. à c. de cannelle en poudre
175 g de pomme râpée (env. 2 petites pommes type Braeburn)
75 g de dattes, grossièrement hachées
75 g de cranberries séchées
50 g de pistaches
200 g de flocons d'avoine
75 g de noix de coco râpée

1. Préchauffez votre four à 150 °C (th. 5). Dans une grande casserole, faites chauffer le sirop d'érable, le sucre, le beurre et la cannelle, jusqu'à ce que le tout soit dissous, puis ajoutez la pomme râpée et les dattes. Sur feu moyen, mélangez pendant 3 à 4 min, puis ajoutez les cranberries, les pistaches, les flocons d'avoine et la noix de coco râpée.

2. Transférez et étalez uniformément la préparation dans un moule chemisé de papier sulfurisé, puis enfournez pour 40 min, jusqu'à ce que ce soit doré et ferme au toucher.

3. Retirez délicatement du moule, en retenant le papier sulfurisé, et laissez refroidir sur une grille avant de découper en barres.

INDEX

A

B

C

Je remercie mille fois Pene pour sa brillante direction graphique et artistique. Elle a soutenu ce projet et son auteure avec une grâce et une bonne humeur extraordinaires. Merci à Tracey pour ses précieux conseils et son aide au lancement de ce projet, et merci à Poppy d'avoir recommandé cet ouvrage à Square Peg. Merci également à Rowan, mon merveilleux éditeur, pour son oreille attentive et critique tout au long de cette aventure. Je tiens aussi à remercier Grace pour ses magnifiques photographies, ainsi que Annie et Sarah bien sûr, pour leur relecture affûtée, sans oublier David pour ses superbes photographies et son extrême gentillesse lors des séances photo.

Sans aucune hésitation, j'ai demandé à mes amis de jouer les testeurs de recettes, notamment pour vérifier les temps de cuisson, et donc merci à Christine, Laura, Emma, Padmini et Parvati (coucou maman !) pour avoir essayé les recettes et exprimé leurs avis infiniment complets et précieux.

Danielle et Emma, je vous dois tout. Si « Ça aussi, ça passera » était la devise de cette année, je dirais que tout s'est passé avec beaucoup de grâce et de sérénité grâce à vous deux à mes côtés (je persiste à dire que la vie en communauté c'est ce que qu'il y a de mieux).

Ken, *il miglior fabbro*, l'idée d'écrire ce livre est venue de ta question : « qu'est-ce que je peux faire cuire au four ? » Tu as là ta réponse mon amour, et merci à toi.

Enfin, je remercie du fond du cœur ma merveilleuse famille, pour son soutien sans faille. Vijay, Parvati et Padmani, vous êtes une équipe incroyable. Je suis tellement chanceuse et reconnaissante de vous avoir.

Ancienne avocate, Rukmini est auteure et styliste culinaire. Elle adore mettre au point de nouvelles recettes et sublimer les aliments pour des séances photo. Et quand elle n'est pas styliste culinaire, cuisinière ou hôtesse pour ses invités, elle se consacre à la lecture en bord de rivière ou habille son balcon d'une multitude de plantes…

DANS LA MÊME COLLECTION